剛剛好的管教

尚瑞君——著

放心與放手，讓孩子長出自信和力量

目錄

PART II

考不好的孩子，最需要父母支持

PART III

剛剛好的愛與管教

PART IV

媽媽真的很厲害，但她沒有超能力

推薦序

孩子學會長大，父母學習成熟

親子作家　**彭菊仙**

尚瑞君老師是我非常欣賞的新銳親子作家之一，每每她的文章一貼出，我都能從她的字裡行間感受她有一個強韌而從容的豐足內在，以致不論孩子處在哪個階段，她都能在「出手」與「放手」之間游刃有餘、恰如其分，正如這本書的書名：剛剛好的管教。

而讀畢此書，我找到她之所以自在從容的根源，那就是她非常善於自我省察，遇事能冷靜地思考、細膩地體察，因此能夠精準地深入孩子的內心，看到問題根源，然後仔細斟酌「現階段的任務是什麼、界線在哪、這麼做對孩子到底好不好、適不適合……」，據此而能循循善誘，既不惹孩子厭煩，更進一步讓孩子自己生出能力，找到自己的資源，學著解決自己的難題。

我覺得此種時時刻刻都往內心省察的靜定溫柔特質，是瑞君老師最鮮明、也是最值得我學習的部分。

瑞君老師提及自己在教養路上有三次大覺醒，每一次覺醒都讓她大大修整了自己的教養方向，其中一次也給我很大的警醒。有一次幼兒園園長詢問瑞君老師，是否在她的潛意識中想要把孩子教成一個極完美的孩子？瑞君老師才警覺到自己對孩子過於嚴厲、太過認真，天天戰戰兢兢、竭盡所能地直想把孩子塑造成完美形象。從此之後，她便常常自我提醒，一定要摘下大人的濾鏡，「要用孩子們的高度看世界；要用孩子們的能力看其表現。」我想，在這個競爭激烈、過度焦慮的時代，我也常不自覺犯下這個錯誤，這真是非常重要的提醒。

瑞君老師給我另一個很重要的提醒，就是關於情緒的教養。面對三個青少年，我常常沒來由地接收他們如火山般無可預期的爆炸火焰，有時候我被炸得精疲力盡，因而陷入自憐自艾的情緒裡不想出來，更遑論回頭去梳理孩子的內心狀態，甚或，更進一步地去引導孩子釐清自身的情緒狀態，也引導他們學著把自己從混亂中拉回平靜與理性。

瑞君老師這部分不僅自己做得很好，也成功引導兩個兒子懂得去解析梳理自己。她提到「情緒紅綠燈」的概念：當憤怒痛苦等很強烈的情緒來襲時，就像是遇到紅燈，就先讓自己暫停一下，不論爸媽或孩子都允許自己去感受這種強烈的情緒，認知到「情緒只是一時的」，或是轉移注意力，做一些讓自己開心的事情；直到情緒比較平穩，就如同黃燈閃爍了，此時就可以想想下一步該怎麼做；等想到解決方法，就如同綠燈閃亮，便可以通行了。紅燈停、黃燈想、綠燈行，不要總是走老路，一味地爭吵或躲避，爸媽有責任引導孩子冷靜、沉澱、探索並理解自己的內在，唯有親子雙方都擁有敏銳的覺知，才能減少親子衝突。

瑞君老師這本書談的面向很廣，從情緒、學習、考試到自我成長、夫妻相處，包羅萬象；目標年齡層也分布很廣，從幼兒到青春期都受用，每一篇都布滿了醍醐灌頂的教養金句。但讀畢此書，會發現貫穿其間有個重要主軸，就是培養孩子認識自己、熱愛學習、獨立自主、解決問題的能力。而從瑞君老師兩個孩子身上，讀者可以深深感受到他們從小在這樣的教育主軸薰陶下，都擁有非常健康的身心、熱愛學習、更愛運動、自動自發、自我負責，同時也善於覺察又體貼善良。

從本書很多細微末節之處，就可以理解兩個孩子之所以擁有以上底氣之故。比方說，她不希望孩子太計較同學之間的小摩擦，當孩子受到一點委屈，瑞君老師不會隨便到學校幫忙討公道，因為她不想剝奪孩子學習人際相處的能力。

在功課方面，孩子大了，她絕對不會再幫孩子檢查作業，因為這樣會讓孩子過度依賴，更容易造成親子關係緊張。但面對考試，她並不會告訴孩子分數不重要，而是鼓勵孩子要認真面對每一次的考試，就像珍惜每一次的學習機會。如果應付且粗心隨便，只會讓孩子愈學愈沒信心；鼓勵孩子積極認真以對，才有機會讓孩子愈來愈進步。當孩子遇上挫折，她認為父母做的，是「給孩子梯子爬上來，不要再丟下石子傷害孩子。」

在讀畢此書時，讀者也會發現，瑞君老師在帶著孩子成長的同時，也展現了她個人自我的大躍進。她說：「我們把孩子從子宮中擠壓而出生，孩子卻把我們擠入自我成熟的陣痛之中。」因為我們要給孩子做示範，所以要不停學習與優化自己，「孩子帶給我們的反饋和省思，其實遠比我們付出的多，當孩子愈長大，父母也愈成熟。」

不論您的孩子多大，我都把這本好書推薦給您，讓您自始至終知道，剛剛好的愛與教養就是：孩子愈長大，父母也愈成熟，這不但是最好、最輕鬆、最具長遠效果的教養，最終受到反饋最多的，更是父母本身，與整個成熟穩定和樂的家庭。

推薦序

教養剛剛好，親子少煩惱

王意中心理治療所所長、臨床心理師　**王意中**

照理說，隨著教養的年資累積，孩子漸漸長大，我們理應在管教的收放與拿捏，更得心應手，彼此更加熟悉與理解才對。但無奈的是，怎麼隨著時間的過去，孩子從嬰幼兒、學齡前、兒童期、青少年逐漸成長，我們卻發現眼前的孩子怎麼越來越陌生。

我常自我解嘲地說：「在臨床心理師的專業上，我可以維持九十八%、九十九%，但回到家，變成阿爸卻全館七五折優待。至於，你是否全年度都是outlet，那我就不知道了。」

至少我還有七五折，勉強讓親子關係的維繫，在彼此皆能接受的範圍內。

雖然，我的專業領域在兒童青少年心理諮商與治療，截至目前為止，自己也寫了十幾本書，超過一百萬字以上的文字。但我很清楚知道，在教養上，因父母角色的關係，沒有人可以自認為是專業的爸爸或媽媽，但我們卻可以試著讓自己，在教養的言教與身教上，趨近專業一些。當面對現今生活在網路時代，機靈多變的孩子，不時拋出來的管教議題，至少可以從容地見招拆招。

因此，身為家中三個孩子的爸爸，我依然得不時地透過閱讀，隨時更新自己腦袋的作業系統（無論是iOS或Android），以精進自己的教養力，讓親子關係更加契合，適時將已偏離的關係再拉近。

親子教養這門課，無論必修、選修、學科、術科、實習等都不容易修，既無學分上限，也沒有學分修滿可畢業這回事。旁人無從決定你的教養是否及格，過與不過，絕非自己說了算，一切得回歸到親子之間的回饋與真切感受。特別是，孩子們逐漸地成長，獨立，充滿自信，以及擁有專屬於自己生活與生存的能力。

在親子教養的路上，《剛剛好的管教》這本書，是你很好的遇見。透過本書的閱讀，你將感受到既寫實又具臨場感的情境，似乎就是自己家裡的寫照，相當有畫面與共鳴，原來這些事情並不是只有你我會發生。自己與文字之間的距離其實非常近。

好好停下來，翻閱書中的文字，你將看見作者悉心引領讀者重新自我覺察與孩子之間的關係，讓我們警覺過去未曾注意到的管教盲點，以進行微調與修正。同時將父母面臨孩子成長的議題，提出了令人豁然開朗，並且可以執行的管教指引。

親子關係真的需要好好投資，孩子可以是具有成長性的績優股。我們也真的需要試著超前部屬，以及視孩子的情況滾動式修正，以逐漸改善親子關係所需要的教養力。

你可以把書中每一個章節看成是一個又一個的觀念與行動App，讓我們在教養的路途上，隨時進行下載與更新，同時透過不時地修正、演練，而逐漸形成獨一無二，最符合自己的親子管教模式。

本書的內容，會隨著時間，為你帶來難以想像的關係複利，長期下來，親子關係將呈現多頭的走勢，往好的方向發展。你會看見孩子漸漸地自由、獨立，親子之間往更美好的方向前進。管教，剛剛好就好。

推薦序

當個還不賴的父母

親職作家暨閱讀推廣人 **李貞慧**

喜歡這本書的書名：剛剛好的管教。父母畢竟不是孩子的平輩朋友，在孩子心智與人格尚未成熟之際，我們的確得擔負起管教孩子之職責。然而，如果是以上對下的威權管教方式來對待青少年，恐怕親子之間會引爆不少紛爭衝突。該如何執行溫和卻不失堅定的管教，讓管教剛剛好，不會過重，導致孩子心生抗拒反彈，也不至於過輕，任憑孩子予取予求，這就是這本書想要和同為父母親的讀者聊聊的。

閱讀作者瑞君書裡的每一個篇章，都被其誠懇真切的文字所打動，可以感受到瑞君在教養上所下的工夫深厚，也不斷在身為母親的這個歷程中保持彈性、持續學習並自我修正。從她字裡行間的爬梳中，感動於她透過自省，轉化了原生家庭帶給她心靈的傷，決定不再落入親子相互傷害的惡性循環中，還愛輕盈自由，這是她難能可貴的智慧，也證明了只要我們願意，都能揮別過去原生家庭在心裡留下的陰霾與傷痕，不再阻礙我們與孩子正向的情感連結，而受困於其中。

從書裡可見瑞君一路走來的教養歷程，在對孩子的管教上，能夠守住原則，讓孩子清楚明瞭地知道底線在哪裡，但並非採取高壓手段去規範或限制孩子，她願意不厭其煩、循循善誘地和孩子說理，讓孩子知曉之所以可以做或不可以做的背後原因為何。這是非常難能可貴也十分耗時費力的教養方式，媽媽必須花很多時間與心思去和孩子進行對話與溝通。然而，這樣的用心良苦絕對不會白費。如果不由分說地便直接規範、甚至禁止孩子的某些言行，一句「媽媽說了算」就畫下親子交談的句點，恐怕會面臨青少年越來越多的質疑與抗拒，親子衝突恐將日日引爆與上演。

生養小孩，從來不是父母造就了孩子，而是孩子造就了父母。我們在養兒育女的路上，歷練、學習與修行，是子女帶領我們更認識自己。如果能從中得到一些覺察與醒悟，我們當有機會成為一個更完整、更有力的存在。而瑞君誠誠懇懇寫下的這本親職教養書，很能在我們陪伴孩子成長的過程中，給予我們心理上的充電與滋潤，也帶領我們反思自己與孩子的相處模式。

我們都不是生來就會當父母的，都是在當上父母之後才開始學習如何當個還不賴的父母親。只要我們願意保持彈性開放的心，願意在從事親職的路上邊做邊自我修正與調整，我們就有機會越做越好，孩子也必定能從日常點點滴滴的陪伴與教養中，感受到我們的用心和我們給出的愛。

祈願我們和孩子的互動是愉快的、舒服的，而非劍拔弩張的；是可以相互豐盛、滋養心靈的，而非彼此傷害折磨的。

相信透過細讀這本書，您也會和我一樣得到很多正向的提醒與啟發，我們將帶著更飽滿的教養能量，繼續陪身邊的寶貝孩子一同成長。

推薦序

你如何對待孩子，他就會變成什麼樣的大人

前中山大學政治所教授兼所長　**林中斌** 博士

孩子最初對自我的認知與肯定，都來自父母眼中所透露出的訊息，父母用關愛的眼神、溫柔的話語跟孩子說話，孩子即便還不會妥善的表達，也可以感受到自己受歡迎與被喜愛，自然也會接納及喜愛自己。反之，如果父母總是對孩子露出嫌惡或是不耐煩，甚至是不理不睬，孩子絕對無法形塑成正向樂觀的性格與人生態度。

父母對孩子的影響，更不僅限於人生最初扶養與陪伴的前幾年，在潛移默化的學習與模仿中，都會帶給孩子一生一世的影響。

瑞君在她的書中，透過細微地觀察與深刻的感受，鉅細靡遺寫出了為人父母對子女的鏡像效應。像是：如何善用算命和父母遺傳的影響？如何避免孩子把不好的遺傳變成找藉口的抱怨個性？如何衝破性別刻板印象的框架？如何鼓勵與培養孩子勇於面對挫折的恆毅力？這些都從宏觀的視野中蒐羅與分析出微觀的議題核心。

每一個孩子，都是大人雕琢出的孩子。過往我在大學教學中接觸了各式各樣的學生，他們都有著不同的學習態度與方法，有時也難免想像學生各是來自怎樣的家庭成長環境，對照瑞君現在在教育現場看到的問題與現象，顯然父母對孩子的影響，往往還是老師所無法比擬與凌駕的。

孩子透過從父母得到的愛與關懷，也學會接受愛與付出愛；同樣地，父母的一言一行，是孩子人生中最初接觸到的老師。孩子在日積月累的親子相處中，就自然復刻成父母的樣子，而形成俗話說的：「龍生龍、鳳生鳳、老鼠的兒子會打洞。」

瑞君在她的第一本書《優雅教養》中，細膩分析了建立好習慣對親子關係的良性發展與共好，在這本書中，又深入淺出地剖析與探討父母對孩子的深遠影響，不僅是孩子人生的方法論，也是現在父母學習如何妥善經營親子關係與開發孩子天賦的父母方法論。

父母自律與保持學習的心態，讓生活有了深度與彈性，正是父母給孩子最好的生活典範，讓孩子明白凡事皆要從自己做好與保持學習。父母的愛與榜樣，是孩子的定心錨；父母的彈性與雅量，是孩子畫出成長邊界的半徑。所有孩子的成長，都有著先天遺傳與後天環境型塑的基因，父母一定要時時刻刻反觀自己、反求諸己。

希望這本書可以讓更多親子，藉由溝通與欣賞彼此，發展出適合相愛與共好的生活模式，讓親子的緣分誠如瑞君書中的呼喚：「讓親子在愛中相遇，也用愛成全彼此的生命，這是完整的生命旅程中，最美麗、卻也最具挑戰的修行。」

推薦序

教養的自我覺察

桃園捷運公司董事長、台北大學副教授 **劉坤億** 博士

教養孩子一直都是每個父母親的功課，卻經常沒有人可以一起切磋討論這門課業，為人父母的往往只能從做中學，間或有長輩和過來人零碎片段的經驗分享，更多時候只能靠自己摸著石頭過河，在困惑、迷惘、挫折裡掙扎奮進，而倏忽間孩子卻已長大了。

本書作者瑞君是一位有心人，她不曾自詡為教養孩子的專家，但在這門重要的人生課業上，她大方並用心地和讀者們討論、分享。我一直好奇她寫作的動力源頭究竟是什麼？畢竟系列書籍的撰寫出版絕對是件辛苦的事情，若非心中有情有愛，實難持續

且竟其功。這是個人的猜想和理解。

我們人類是生活在雙重現實中的，一種是眼見為憑的（Seeing is Believing），例如所見的高樓大廈、河川、森林；另一種是信了才能體會領受的（Believing is Seeing），例如心領神會的上帝諸佛、情愛、幸福。眼見為真的器物世界，其相關的知識建構與傳承，相對於「信了才能體驗」的靈識世界要來得容易許多。

教養孩子的過程中，即使生活經驗豐富的父母、長者，也難以使用清楚、準確的語言或文字，教會孩子什麼是勇氣、毅力、自律、熱情、樂觀等抽象的概念，而這些無形的特質和能力，又是他們在真實世界中得以平安順利成長的重要素養。

孩子要如何Believing is Seeing？聰慧的瑞君找到一個關鍵的方法：父母運用心理學的鏡像效應原理，讓孩子從父母給他的態度和回應，來建構孩子對自我的認知。這個方法的訣竅雖然簡單，但是實踐上有賴於父母的覺察和反省。

首先，父母要能夠覺察到原來孩子會從你的眼神態度，感受父母對他的種種情緒意念，進而形塑出自我；父母給予孩子肯定的眼神，可以讓孩子更有自信，父母對孩子嫌惡不耐的態度，可能會造成孩子對自我的否定。

再者，教養孩子的過程中，父母確實需要沉澱心情來反省親子間互動的關係。關於這點，書中有諸多的經驗分享，而這些經驗都顯示願意反思與自省、承認錯誤並且道歉的父母，才是尊重自己與負責任的父母。孩子固然能從父母眼中的鏡像效應中形塑自我；但從另一方面來看，孩子也讓成人後的父母有機會再次成長，成為更好的人。

本書的文字真誠質樸、深情而理明，尤其是篇章中處處可讀到作者與孩子們的自然對話，真情至愛躍然於紙上，在閱讀時，彷彿可以看見她對孩子說話時的溫柔眼神，這是母親特有的眼神，溫柔而有力量。

本書是瑞君以滿滿的愛為筆、豐富的教養經驗為墨所著，讓身為三寶爸的我更深刻了解如何當個好爸爸。誠摯推薦給已有小孩的您，也推薦給閱讀後更有勇氣生養孩子的您。

——王信賢 政治大學東亞研究所特聘教授兼所長

愛與榜樣是父母給孩子最好的教育典範，但在孩子成長的歷程中，過與不及的管教，都會對親子關係造成不良影響。瑞君透過多年代課、當志工與母職的經驗著書分享，藉由本書的閱讀，讀者能尋覓到陪同孩子成長的寶貴建議。

——林仁煥 新竹縣中正國小校長

女兒在日本念書時，每天都寫一篇日本書道。兒子曾疑惑地問我，如果在臺灣念中文系，將來會有用嗎？我回道：臺灣的中文系是地表最強的中文，因為在民主國家又用繁體文字，你是地表最強的男生，於是他又考上中文研究所。

誠如瑞君書裡說的傾聽、陪伴、與愛。在親子關係當中，即便他們都不是大明星，優雅的教養與解讀孩子的心，並搭配剛剛好的管教，成就生命的美學，才是父母要的無上價值。

——**林翊佳** 臺灣美學學會理事長

瑞君老師的教養文章不光是我疲累育兒時的心靈雞湯，更是我在管教四個個性不同孩子產生挫折與困惑時的教養良方，常常給我很多正向的思考與解法。現在老師再度出新書造福更多的親子，一定要推薦給大家！

——**林畦霓** 葳格小學台中北屯校區志工

身為兒科醫生，我們不僅要看孩子的病，還常常要醫父母的心，父母很容易就擔心過頭，在教養上也往往管教過度，該如何找到親子關係之間的平衡點呢？瑞君大嫂是箇中高手，她把兩個姪兒教養成品學兼優的青少年，她的書可以幫教養問題解惑，提供適當的管教的界線，讓親子關係找回愛與彈性。

——**林翔宇** 馬偕兒童醫院兒童遺傳學科主任、教授

父母是孩子最重要的老師，要如何拿捏剛剛好的管教，是父母要學習的一門重要課題。所以我始終秉持著：「給孩子最好的愛與榜樣，他自己會放大。」而瑞君的書，就是此一理

念的最佳範本。

——林維鵬 朱宗慶打擊樂竹北教學中心主任

在金融界工作很難不背負龐大的業績壓力，一如深陷教養中的父母很難不把孩子的表現當成自己的業績。但是，在追求業績的手段運用中，我們常常忘記時間複利的效果驚人。父母只要找對方法，運用剛剛好的管教，孩子的表現一定可以反應出他潛藏的實力。

——黃至善 銀行分行經理

身為忙碌的職業婦女，每天除了和公事賽跑，回到家還要和小孩「搏鬥」。猶記初為人母時，每天都在努力找尋如何教養孩子，如何和小孩相處，如何如何如何……等，與教養相關的諸多資訊。直到遇到瑞君，當我深陷疑惑困擾時，她都能適時引導我前進，讓我在教養上可以更有自信地當個更優雅的媽媽。

很開心此次瑞君透過文字讓大家少走親子教養的冤枉路，誠心推薦本書！

——陳可親 銀行理財經理

我認識很多媽媽，也近身深入觀察著媽媽，瑞君是唯一「總是」能用著優雅的姿態，溫柔但堅定地克服諸多教養困境的媽媽。如果妳也想跟她一樣，享受成為媽媽的每一天，閱讀這本書，妳將明白她底層的信念，進而成為妳自己「成為母親」的學習旅程上厚實的成長養分。

——**陳若雲** 作家、《EBM 享受成為媽媽》運動發起人

「教養孩子」是學校沒有教的科目，我們也沒有重來的機會，而「教好孩子」卻是我們為人父母被要求的最基本責任。尚老師為了要教好孩子，在職業婦女與全職母親做了抉擇。本書就是濃縮這些經驗的精華，值得讀者反覆咀嚼、細心吞嚥。期待我們都能成為成功有愛的卓越父母。

——**陳育澍** 旭新科技、平方米國際開發董事總經理

親子關係是雙向和一輩子的事，如何在孩子的成長過程中共同學習與分享，是需要愛心與智慧的。毫無疑問，瑞君這本新書能夠幫助父母達成這個目標。

——**曾怡仁** 中山大學政治學研究所教授

在書寫孩子不可逆的成長記錄裡，我們看到一個動人的「母親的背影」，她面對生命和文字，有著近乎虔誠的專注，那目不轉睛的凝望，讓孩子在她的眼眸中同時發現了母親和自己。

——楚雲　星晨之音廣播製作聯盟執行長、牧師

教育孩子需要愛心、耐心及堅持的恆心，但是只有靠這三心依然不夠。在教養兒女的過程中有許許多多的技巧及觀念需要留意，才會讓親子關係的品質更臻美好。

認識瑞君多年，知道她持續深耕親子相處的領域，發表過許多相關的文章，也時常到學校及社教單位分享教養觀念及技巧，更重要的是她是兩位孩子的媽媽，她的教養理念就實實在在地落實在她與孩子的生活層面上。

二〇一九年出版的《優雅教養》一書，瑞君把她的教養理念結合生活中教導孩子的經歷分享給大眾，讓許許多多父母在與孩子相處時得到寶貴的指引和啟發。現在瑞君的新書《剛剛好的管教》，相信必能帶給天下眾多的爸爸媽媽們更多的管教建議，讓親子相處品質更優雅而美好。

——鍾兆正　新竹縣中正國小教務主任

為孩子量身訂做的愛與榜樣，正好符應現今社會多元化學習的環境，尚瑞君老師就像一名親職導遊，引領許多父母一同探究豐富的家庭世界。

——簡奕翔　基隆社區大學主任

父母親的身教、言教，影響孩子深遠。管教，「愛」是基本元素，除了愛之外，還有許多貼近孩子心思、陪伴孩子成長的好方法。這本新書，推薦給愛孩子的您。

——簡琳恩　新竹縣中正國小教師

聖經〈箴言書〉22章6節：「教養孩童，使他走當行的道，就是到老他也不偏離。」我自己是兩個男孩的父親，深知在孩子成長過程中，父母親為了教養有多麼費心又戒慎恐懼；即使是朝夕相處，孩子與父母的關係仍舊會產生許多問題和看似無解的困境。瑞君以自己親身的經歷，細心的觀察和持續的學習經驗，整理並分享在成長階段中，父母如何與孩子一同建立正確的身分認知、情感界線、自我價值與人際互動。

每個孩子都是獨一無二的，許多管教狀況也不一定有非黑即白的正確答案，但瑞君的這本新書，給了做父母的我們一個非常好的指引參考和方法論。祝福所有用心研讀本書的朋友們，都能建立起健康整全、「剛剛好」的親子關係。

孩子陪伴著家長一起成就彼此，瑞君誠懇真摯地分享她的經驗，實在是讓人感動。

——**應澤揚** 台灣房巢投資公司執行董事

小時候，我們都聽過孟母三遷的故事，為了給孩子良好的成長環境，爸媽們都開啟了感知雷達，學習並承擔下親子教養的重責大任。當上了爸媽，也代表著必須學習如何承擔爸媽的教養職責，也能深刻理解過往父母在你成長過程中所扮演的角色，以及親子陪伴與對話的重要性。

——**藍美雅** 高雄市鳳山社區大學總監

《愛的微光》

在現今少子化時代下，許多爸媽試著用更寬廣的心態去看待孩子，給了孩子很多的空間與自由度。但隨著孩子逐漸長大，卻發現有些孩子長成了溫室的花朵，有些孩子被寵壞了，有些孩子默默地成為了媽寶，有些甚至養成唯我獨尊的性格，讓爸媽在家裡、職場、學校間疲於奔命。這中間肯定出現了一些問題。

過度鬆散的假民主式教養正面臨著挑戰，瑞君學姊《剛剛好的管教》也剛剛好地協助到許多正無所適從的爸媽們，她用許多親身的親子教養歷程，輔以剛剛好的管教，去陪伴、去對話、去激勵、去發現孩子的獨一無二。

從事教職二十年來，多擔任國中的班級導師，每每走進學生家進行家訪，都能深刻感受到每個家庭對孩子教養的差異，從與家長的對談中去傾聽、理解、並分享彼此對教育和教養的看法。從來自各行各業的家長中學習到很多，也很開心看見許多家長聽了我對其親子教養與教育的建議後而做出了改變，正向地去看待孩子的成長歷程，引導孩子勇敢追尋夢想，開展自己的天賦翅膀，這一切的一切，都從美好的家庭教育開始。

「愛與信任」是全書的主軸，因為愛所以信任，說起來容易，但做起來可一點都不輕鬆，在此過程中需要多少次的親子陪伴與對話，過程中可能發生多少次的意見相左與衝突，過程中多少次的緊緊相擁與潸然淚下，方能由陪伴走過的歷程去感受到彼此的愛，由對話萃取出的精華去滋養著信任。

這是一本親子教養的行動指南，為許多爸媽在墮入五里霧迷失方向之際，指點出一線微光，那點微光就是親子教養的希望！

——**曾明騰** SUPER 教師全國首獎

作者序

孩子的樣子，就是父母的鏡子

教養很累，累就累在每一個孩子都不一樣，每個階段的需求也不一樣，沒有通體適用的法則，更沒有永遠有效的攻略，因為孩子就是一個不可控制的變數。

面對孩子的管教問題，父母到底有沒有最好的方法，讓自己不要那麼辛苦或挫折呢？當然是有的，那就是抽離父母的本位主義，以孩子本身的性格與特質為本，給孩子量身打造的愛與榜樣。因為教養是如孩子所是，而非如父母所願。

只有一個兒子的時候，我竭盡所能地陪伴與教養，日子雖然在游刃有餘中快樂地前進，但我總有著隨時被掏空的壓力。當第二個兒子出生後，我才發現之前的壓力來源是因為沒有經驗。

我們都是在孩子生下來後，才開始學習如何當適合的父母，雖然辛苦，但也樂趣與驚喜不斷。而且教養並不孤單，當我在管教上卡住，疑惑與挑戰不斷出現的時候，我會透過大量的閱讀或與親友交流，汲取和內化適合的親子教養方式，交換過來人的經驗，讓彼此都在互相學習與取暖中，變成更有自信、更成熟與更睿智的父母。

孩子每個階段的成長與需求都不同。未就讀幼兒園的學齡前階段，孩子需要安全與安心的依附感，需要良好的生活規矩和習慣，這部分可以參看我上一本書《優雅教養：傾聽、陪伴、愛，教你解讀孩子的心》。當孩子奠定好生活習慣與情感依附，就像是為房子打好地基，後續的施工就可以循序漸進。

進入幼兒園後，孩子需要發展觀察環境人事物和自己的人際互動關係，而不是急著學習識字、寫字或學習各式各樣的才藝等，因為人是群居動物，識字與寫字的能力慢慢學總是會學會，但人際相處的表達與訓練，卻是孩子內在自信心的來源。

進入小學，孩子面對更多形形色色的老師和同學，以及愈來愈多的學科與課業壓力，他需要奠定良好的學習態度和方法，而不是斤斤計較考試上的分數，若為了得高分不惜取巧或作弊更不可取。

雖然每個孩子都不一樣，但所有父母的初心都相同，都希望孩子可以平安健康地成長。儘管每個家庭的資源都不同，但我們都在同一個世界裡互相競爭、合作與生活，所以每一天的管教，都是要讓孩子長出自己的力量與能力，可以慢慢地獨自面對自己人生的考驗與課題。

孩子剛學走路時，我們不能代替他行走，但可以為他示範如何邁出步伐；孩子跌倒了，我們無法替他疼痛，但能陪著他再站起來，勇敢地踏出下一步。

父母一直是孩子最好的示範與榜樣，親子之間的互動與連結，就像是心理學中「鏡像效應」的相互影響，父母怎麼看孩子，孩子就怎麼看自己。大兒子在一歲多的時候曾用像是發現什麼天大驚喜似的口氣跟我說：「媽媽，妳的眼睛裡面有我耶！」那時他坐在我的膝蓋上被我抱著，我用充滿關愛的語氣回他：「對啊！因為媽媽很愛你、很重視你，會看著你的眼睛跟你說話，你才會看見在媽媽眼中的自己喔！」

在媽媽眼中看見的自己，是孩子第一個認知的自己吧？因為我很珍視與尊重自己的孩子，孩子們也學會尊重與珍視自己。請賞識你的孩子，讓孩子知道你對他的愛和信心。

每個孩子都有不同的成長步驟，有時候快一點，有時候慢半拍，甚至會有卡住停滯不前的時候。這些都需要父母的耐心觀察與等待，不是著急就可以有效解決的事。

像我兩個兒子的個性也有很大的差異，哥哥祐亨以前性子急，做事快又有效率，但有時候會因為過分自信而輕忽大意，我在旁邊觀察後總是會適時提醒他，他也逐漸學會修正和改善，現在在明星高中為了自己的未來，積極快樂地學習與進步。弟弟竑勳個性溫和卻有些缺乏自信，即便他國小拿縣長獎以第一名成績畢業，還是會對沒做過的事猶疑不定，不敢輕易嘗試，這時我會用自己的經驗給他當例子，再引領他從過往首次嘗試就成功的經驗中，找出自信和肯定來給自己賦能。現在他是國二生，面對未來的會考也按部就班地向著目標前進與努力。

我們都不是完美的父母，也不可能教養出完美的孩子，每一對親子在相處中都會犯錯，甚至可能傷害彼此，但這些都是磨合的過程，也是教養手段的必要調整，只有搭配孩子的特質與個性，才能做到剛剛好的管教。管教如果過頭，會變成操控或是壓迫；管教如果不夠，會形成溺愛或是放縱，過猶不及。根據客觀環境和孩子主要特質，搭配出適合親子雙方的管教方式，才可以讓親子關係在愛的交流與約制中，達到互惠的共振。

我相信每一個人都有屬於自己的光彩，也期望自己不管是當代課老師還是做為母親，都能透過教育和教養能協助孩子找出他們的亮點。

一本書的完成，要感謝的人太多。謝謝親朋師友的支持與鼓勵，謝謝我教過的學生給我發想與省思，謝謝先生和兒子們給我愛與溫暖，更謝謝時報出版的主編香君，不但邀請我出書，也給我很多編寫的想法和方向，讓這本書更貼近親子的各種需求。也謝謝現在正在看這本書的你，因為我們都想做好為人父母的這個初衷，讓我們一直在親職上努力與進步，不但自己做好了，孩子也學習好的，達到了親子關係的雙贏和共好，讓社會有穩定運作的力量。

教養需要學習自我療癒力和充電，父母也要隨時保有覺知與自省，透過看書、聽演講，和朋友長輩取經交流經驗等，都可以優化教養的流程和效率，雖然這樣的過程深具挑戰與讓人疲累，卻也使人感到成長與喜悅。

這本書集結了我十幾年的母職與九年多的代課經驗，是教養與教育的想法、心法、方法與作法，雖不完美，但仍讓我的親子人生持續加分，希望也可以協助各位的親子人生加分。讓我們一起陪著孩子，走進更好的未來。

謹以本書，獻給天上的父母，謝謝爸媽給我的愛與信任，讓我懂得信任與愛孩子。

PART I

分數很重要，
但還有比成績更重要的事

想辦法就會有辦法，培養孩子解決問題的能力

當孩子從「不會」到「會」，就是一種學習的成長；當他們害怕與恐懼，就陪著一起練習與克服。引領孩子從過往成功的經驗中尋找資源及動力，突破這次的困難後，他們將會更有自信與能力。

在二〇〇七年的跨年前夕，我跟先生決定帶當年才剛兩歲兩個月的老大祐亨去參加跨年活動。因為從家裡出發，走路到活動現場只需幾分鐘，路程很近。但我們最大的擔憂，是前幾天在同一個地方，孩子才被在白天施放的煙火嚇哭。跨年活動的高潮，就是欣賞煙火，如果孩子又被嚇哭，該怎麼辦？

我們考量了很多狀況，因為隔年就要搬家，失去地利之便，最後決定還是去吧！沙盤推演一些應變的方法後，心就穩定了些，不再困在自己的「假想敵」之中舉棋不定。跨年夜從家裡出發時，我們把還在沉睡中的祐亨放入嬰兒推車。還沒到現場，就感受到沸騰的喧囂，吵熱了氣氛，也吵亮了夜空。那一夜孩子卻睡得出奇地安穩，看完煙火打道回府，直到把他重新抱回床上，他才醒過來喝了一瓶牛奶，就又進入夢鄉。

原來，很多事真的只要踏出第一步，去做就好。**我們可以預想一些會出現的狀況、可能發生的變化，以及要如何因應突發狀況，但就是別被焦慮、擔憂等負面思考嚇得裹足不前。**

所有孩子在成長的路上，一開始都充滿「初生之犢不畏虎」的勇敢，對世界充滿了好奇，生命裡洋溢著熱情，即使失敗還是願意一試再試。像我小時候，看到每樣東西都會想摸摸看，凡事都想試試看，雖然媽媽常叫比我年長的哥哥姊姊幫忙，但我都堅持親自動手做，如此，我也學會了自己綁鞋帶、自己用小刀削鉛筆。

但隨著孩子成長，愈來愈社會化之後，失敗經驗便會與日俱增。有時還沒發生的事，也會因為在心中的自我設限與幻想，而感到擔憂、害怕，繼而不敢向前。

很多孩子小時候最大的恐懼就是怕「黑」。別說是孩子了，就連很多大人現在都還會怕黑、怕暗，因為在黑暗中什麼都看不見，但是在無邊無際的幻想裡，卻什麼都可能會出現。

像祐亨小時候怕黑、怕自己一個人走家裡的樓梯，於是我陪著他感受黑暗、陪著他爬樓梯，跟他說家裡很安全，慢慢他就克服了恐懼。等他成為哥哥，發現弟弟竑勳跟自己有同樣的感受時，他也告訴弟弟不用害怕，還做了一張上面寫著「永遠會陪弟弟一起走樓梯」的小卡片。陪伴孩子去面對他的恐懼與擔憂，在他的安全感健全之後會生出力量，不但讓自己變得勇敢，還可以幫助別人。

又或是孩子再大一點，進入學校就讀後，可能會有交朋友的壓力，也會擔心霸凌問題。這時可以先教他們學習做簡單的自我介紹，鼓勵他們主動結交新朋友。跟想認識的人說話時，即便對方的回應不如預期，也可以試著詢問他的想法。鼓勵孩子把害怕的退縮變成行動的力量，就不會覺得那麼困難或畏懼。

而且，孩子其實也沒有你想像中的脆弱，他們會想出自己的解決之道，或是權衡之計。像是祐亨讀國一時就曾說：「在國中要避免被霸凌，就是趕快交幾個好朋友，不要讓自己落單。」這便是他在不斷嘗試後所悟出的道理。

此外，當孩子們要參加比賽、月考前，也會陷入莫名的擔憂，這時我會鼓勵他們，一科一科排定複習計畫，把繁雜的工作簡單化，而不是要求他們追求考高分的完美目標，讓孩子透過按步就班地努力付出，慢慢培養面對挑戰與解決問題的自信與能力。

在語言學習中有個稱為「I＋1」的理論，「I」是學習者當下的能力與經驗，「1」則是略高於學習者即將學習的內容。當孩子在學習或接觸新事物前會擔心或害怕是正常的現象，我們只要站在他的立場鼓勵他再進步一點、再接受一點新的刺激，他就可以從I變成I＋1，再從I＋1變成I＋1＋1……。

面對孩子的學習，不要急著看到一百分，他是從完全不會開始，而逐漸進步的。一如孩子幾歲我們就做了幾年父母，面對全新的挑戰，任誰都是從沒有經驗開始學習的。

我們不能隨時陪在孩子的身邊幫他去除干擾或障礙，也無法看清孩子心靈世界的幻想與恐懼，但是可以透過對話與溝通，引領他們勇敢踏出第一步，協助他們釐清心中的疑慮或擔憂。

幫孩子把恐懼化為行動力

有一次，我請當時剛上國一的祐亨幫忙去買隱形眼鏡的藥水。他馬上拒絕：「我不要！我沒有買過。」我教他：「就跟你以前去買寵物飼料和文具一樣啊！只要到眼鏡行跟店員說要買金雙氧就好！」後來，他買完回家很高興地跟我說：「媽媽，第一家店賣完了！我跑第二家才買到！」

在孩子的成長過程中，會逐漸累積成功經驗，當孩子害怕嘗試時，父母可以帶領孩子從他過往的成功經驗中去找資源與自信，讓孩子相信自己可以做到。現在已經讀高中的祐亨，不但可以幫忙買各式各樣的東西，還能夠自行退換貨，或預約餐廳用餐和美容院的剪髮時段。

拖拖拉拉，忘東忘西，時間管理要從小教起

愈成功的人，愈懂得如何管理時間。
從小教會孩子做時間控管與配置，
也培養他們訓練自我管理的能力，
孩子就會從他律中，慢慢養成自律的習慣。

上天給人最公平的待遇，就是每個人的一天都只有二十四個小時。但一樣的時間，卻會有不一樣的發展，端看你如何運用時間。

當我們還是天真的孩子時，常常誤以為時間永遠也揮霍不完，現在終日為工作、為家庭、為生活忙碌，方知時間根本不夠用。要如何讓孩子懂得珍惜光陰，而不是在拖

怨和虛擲中浪費呢？

有天晚上，祐亨很懊惱地對我說：「星期三下午，我又忘記把聯絡簿交給老師蓋章！這已經是第三次了，我怎麼老是會忘記？」

我安慰他：「你這樣煩躁與懊惱，對事情並沒有幫助。明天去學校，就跟老師道歉，說你忘記了，看老師可不可以幫忙補救。」

接著，我建議他：「我都有給你們年度的記事本，你以後也可以把要做的事記下來，然後放在書包裡。」

他說：「可是我會忘記紀錄耶！」

我笑著回：「就是因為會忘記，才要馬上寫下來提醒自己，然後再每天檢查翻看。像我除了固定當志工的時間外，其他像是去代課、回診、做臉、回北投看阿公、你們要月考的日期等重要事項，都會記錄下來，提醒自己。阿公也是把每天該做的事情寫在月曆上，這樣他才知道何時有聚會、要拿藥、還有我們要回去看他的時間。像這樣記錄做提醒，事情才不會撞期或忘記。」

孩子逐漸長大，對時間的壓力才會逐漸敏感。小學階段，真可謂無憂無慮，每天在學校學習，回家寫完作業，時間就自由了。念了國中，因為規矩多，在學校很容易出錯，在課餘時間被處罰。放學後，又要準備隔日的考試，屬於自己可以運用的時間，確實比較少。

但這就是成長的漸進式。愈長大，身上肩負的責任與壓力當然愈多；因為能力變多了，可以承擔更多的事；會處理更多的事，就可以從中學習更多，進而又提升能力，一直正向地循環與持續成長。

隔天早上，我跟祐亨說：「以前你問媽媽，如果你想同時成為電競師與科學家，時間互相排擠時怎麼辦？那時媽媽跟你說，你想想林書豪，他為什麼可以同時兼顧課業與籃球？因為他做好了時間的規劃與安排。人的記憶有限，所以我昨天才會告訴你，安排好的事一定要記下來提醒自己，這樣也才可以知道，還有多少剩餘的時間，可以做其他的安排。不要太相信大腦，大腦要儲存的東西太多，你忘了提取，腦也不會提醒你，但是你記錄下來，就可以自我提醒。」

孩子原本覺得，做記錄、列代辦事項清單是記性不好的老人才需要做的事，他相信萬能的腦，相信無敵的記憶。但是，那只是青春的傲慢，在吃了幾次記憶的虧之後，他才會明白，其實記憶力不全可信。

要讓孩子好好珍惜少年時光，多練習做時間的規劃與安排，我們可以陪著孩子利用下面的方式，檢視他一天中時間的安排：

一、幫孩子準備年度記事本。
二、明確訂出起床和睡覺的時間。
三、把補習、上才藝班、月考等固定的時間標註出來。
四、讓孩子記得把重要事項寫在當日要處理的欄位。
五、協調出寫功課、遊戲、看電視和自由運用的留白時間。
六、隨時更新新的安排與計畫。
七、養成翻看年度記事本的習慣。
八、事情做好了就打勾鼓勵自己，並從完成事項中找出自己厲害的強項。
九、家人之間要了解彼此的行事曆，藉此凝聚全家的情感與向心力。
十、可以在年度記事本上寫下鼓勵孩子的貼心話。

孩子在小學階段，都是我陪著他們檢測時間配置與紀錄。到了國中，他們自己會記住特定的事，如月考、模擬考、同學要來家裡玩，或學校的活動等，我們也會協商要出遊或是去探望長輩的時間。祐亨在上高一後，有了自己的手機，他會把重要事項記在手機的行事曆中，妥善應用數位生活的便利性。

成為母親之後，時間常會被不同角色所切割，甚至隨時被孩子的需求所打斷，但媽媽在家仍要有屬於自己的時間。父母也要教導孩子珍惜自己與別人的時間，告訴他們要先處理可能需要別人協助的事，如寫作業等，這樣才不會在臨睡前突然要指導孩子寫功課。常常被打斷時間安排而被干擾的大人，一定沒有辦法保持心平氣和又溫暖的教養。

每個人的時間都很珍貴，家人一起生活，也常常要配合彼此的作息和需求，所以盡早讓孩子養成自己規劃時間，也習慣把重要的事項作紀錄，這樣他們才知道自己都把時間用在哪裡，會不會對家人造成干擾，以及有沒有需要改善的地方。

當孩子看著自己按部就班地完成每日的代辦事項，才不會渾然不覺地過著無感的生活，也會有充實生命的成就感。

不同階段的時間教養

小學階段，可以陪著孩子練習記錄年度記事本，父母也可以在本子上寫些鼓勵的話，讓他們看見自己成長的脈絡和動向。

國中階段，就放手讓孩子安排與規畫生活，學習運用自己的時間，但也要觀察孩子的學習態度和成效，適時提供監督和幫助。

孩子懂得時間的管理與配置，就是邁入了自律又負責任的進步模式。

誰規定男生就不能穿粉紅色？
性別的標籤迷思與反思

男生可以當護士，女生也能成為優秀的科學家，
二十一世紀的職業與顏色都不再性別化。
孩子的發展要看能力與興趣，
突破性別意識的框架，鼓勵孩子讓天賦自由發展。

在教養上，面對性格表現比較陰柔的男孩子，或是比較陽剛的女孩子時，帶給你的是想與孩子共同顛覆生活樣貌的勇氣與挑戰，還是不知所措的疑惑和困擾？

在學校圖書館當志工時，有個長相很秀氣的男學生，來歸還一本《露露與拉拉》系列的書，那是女孩們很喜歡借閱的書籍。過不久，他又拿了另一本同系列的書要再借

閱。

我問他：「你很喜歡看這一系列的書嗎？」

他笑嘻嘻地回道：「對啊！我很喜歡看裡面的故事，也覺得圖畫得很好看。」

我說：「那看完再來借其他的，這個系列的書，圖書館有很多喔！」

他開心地說：「謝謝阿姨！」

那活潑又愉快的背影，很快就跑出了我的視線。我在想，他會不會是下一個吳季剛啊？

面對孩子的未來，我們常會因為他們的性別，產生某些既定的刻板印象，因而限制住他們發展的可能性。當兒子的表現，像個男孩子；當女兒的喜好，像個女孩子，我們是不是就會覺得比較好帶、比較好教養？反之，就會讓我們覺得擔憂、惶恐，或是驚慌失措？

甚至，當孩子還在襁褓的嬰兒階段，父母就開始為他們設限。女嬰的布置與打扮，一定都得是粉紅色系嗎？男嬰的布置與穿著，毫無例外地都要用天藍色系嗎？

祐亨還在念幼兒園時，有天放學我去接他時他跟我說：「媽媽，今天有個男生拿粉紅色的衣架掛衣服，被另一個女生說粉紅色衣架是女生在用的。」

我說：「粉紅色的衣架男生也可以用啊！」

他說：「對啊！老師就說粉紅色的衣架是大家都可以用的！」

如今憶起這件事，也讓我聯想到，在新冠肺炎防疫時期，有小學男生不敢戴粉紅色的口罩，怕被同學嘲笑是娘娘腔，隔天防疫記者會的男性官員們全部戴上粉紅色的口罩，就是力挺「顏色不該性別化」的最佳行動。

還有次在代六年級的英文課時，我要學生們在寫完習作後，就放回之前拿作業的同一個桌子上。接著，我在教室巡堂幾圈後，發現有個組別的桌上已經放了兩本習作，而那一組有兩個同學是女生。我下意識就不假思索地說道：「還是女生比較乖，寫完就會放得很整齊。」

沒想到，這時有個男同學說：「老師，我是第一個放的。」

我有點錯愕，也有些尷尬，馬上說：「對不起，謝謝你當了好榜樣。你願意接受老師的道歉嗎？」

他靦腆地笑了一笑說：「ＯＫ，我接受！」

我說：「謝謝你的寬宏大量。」

回到家，我把這個故事分享給兩個兒子聽。竑勳說：「媽媽，你們大人常常有刻板印象，老是覺得女生比較乖。」

我說：「對啊！所以我很感謝那個男同學，勇敢說出心中的話，而不是在背後怪老師有既定的偏見。」

現在的科技日新月異，在這變化萬千的世界裡，很多知識、資訊與觀念可能迅速即被汰舊換新，父母不能讓自己的成見、歧視或是有限的知識認知，阻礙孩子未來的多樣發展。

當孩子開始學習說話、擁有表達能力以後，大人要耐著性子去聽孩子們到底想說什麼，在孩子內心的想法能自在表達並被聆聽接受後，他們才能深入且真正了解自己是怎樣的人。在問答與思考中，孩子也能愈來愈清楚自己適合走怎樣的路。因為他們的世界還沒有被所學的知識所僵化與囿限，在大腦中也還蘊藏很多的創意與可能性，他們正在進行快速的連結與想像。

擁有人性與人味，會思考、以及能做妥善溝通與表達的孩子，即便在未來，也不會被機器人所取代。

大人千萬不要自作聰明地限制住孩子的發展，更不要因為孩子的性別而限制住他們該怎麼做。女孩也能有陽剛的氣質，男孩傷心時也會流淚。

面對孩子的未來發展，我會採取開放的態度，鼓勵他們跟我分享從任何地方學習到的知識與想法，不論是我已經懂得或是從未聽過的。我真心認為，父母有開放的胸襟，打破性別或所有層面的框架與迷思，孩子才會有開放性的發展。

如同總統蔡英文在慶祝國際婦女節的談話中提到的：「女性傑出的表現，不必刻意被當成樣板，而是可以成為自然的、理所當然的存在。我也希望有那麼一天，翻開報章雜誌，不會再看到『女強人』這個詞彙，正如同我們從來不會看到『男強人』這三個字。」

不要讓我們的刻板知識與印象，成為孩子奔向遠方的絆腳石或是天花板。讓孩子站在大人的愛和支持上，看得更遠、飛得更高，成為更穩健而快樂的自己。

顏色的性別傾向

有一年我們全家去韓國滑雪，導遊是個已懷胎八個多月的孕婦。她告訴我們：「我這是第二胎了。懷第一胎時，因為韓國人比較含蓄，不會直接問醫生嬰兒的性別，而會拐個彎問醫生，嬰兒用品要準備什麼色系比較好。如果是男的，醫生就會建議可以準備天藍色系；如果是女的，醫生就會建議可以準備粉紅色系。我覺得自己懷的是女兒，所以就問醫生，我可以準備粉紅色系的嬰兒用品嗎？醫生回答我說，也是可以啦！」

團員們都很好奇，那生出來的寶寶到底是男還是女？

導遊笑說：「是個男孩。」結果，她原先準備的女嬰用品，全部都重新換過。

孩子能自己解決問題，才是眞正的獨立

父母要能夠愛，也要夠狠；
要耐心地引導，也要勇敢地放手。
孩子從依附走向獨立是漸進式的過程，需要學習，
能解決問題與承擔後果，才能真正獨立。

有天中午，先生下班回家，在二樓喊我下樓吃飯。當時我正在三樓書房，手機響了，是娘家的事。手機還沒說完，家裡的電話也響了，是公公打來的。

娘家的事，夫家的事，都匯集成我的事。那天中午就這樣二樓三樓跑上跑下，電話一直接、一直打。短短不到半個小時，聯絡了公公、嫂嫂、看護、姊姊、弟弟和姪

子，總算是讓兩方的事件都暫時平息，告一段落。

當眾多事情突然不約而同蜂擁而至時，我發現身邊總是有一些人會很好心地想幫你解決問題，但是他們的善意，常常不但派不上用場，反而是來添亂的，因為他們沒看清楚問題的原委與重點，就只急著想要提出意見，而當事者還得跟對方解釋及說明狀況。這不但會耗損原本可以解決事情的能力和時間，也常讓人被這樣的狀況弄得筋疲力盡。

拜託，請暫停好嗎？如果沒把問題弄清楚，卻一直提出意見，只是愈幫愈忙。

換個角度看，我們面對孩子時，是不是也有同樣的盲點？**我們常常急著幫孩子提出解決問題的方法，卻連他們真正遇上的問題都還沒聽清楚或是沒聽懂。問題不是問題，該如何應對，才是問題。**其實不論是大人或是孩子，每當遇到問題時，都應該要先冷靜下來想一想，問題是什麼、起因是什麼，接著再想可以怎麼解決。

有一次週五夜裡，當時讀國二的祐亨突然說：「媽媽，明天卡把迪比賽要穿學校的運動服，有乾淨的運動服嗎？」

我說：「沒有！我明天早上才會洗衣服。」

他哀怨地叫一聲後就衝下樓去洗運動服。原本剛睡覺的我一度心軟要起床幫他洗，但我想我教過他洗衣服，而且他這麼晚才說，於是還是忍住，必須讓孩子自己去承擔這個結果。

成長不是變魔術，需要歲歲年年的累積經驗與實力。父母要夠愛也夠狠，用包容的愛去引導孩子學習，用耐心等孩子學會；但也要讓孩子知道成長是自己的責任時，該放手的時候要夠狠心。想一想，**如果我們當初捨不得孩子剛學走路時會跌倒，他要如何學會走路呢？**在陪著孩子長大的過程中，我也會常常想著現階段的教養任務是什麼，界線又何在，這麼做對孩子到底好不好、適不適合。

祐亨在國二時有次去校外受訓，幾個同學相約一同先坐火車再換公車前往目的地。當火車到站，一行人下車走到公車站換車的途中卻看見公車剛開走，他們六個人商量後分成兩組三人，各搭兩台計程車，結果兩台車資相差了二十元，讓他們發現有些計程車司機不老實，會繞路。這個經歷，為這群半大不小的孩子們上了一堂最真實的生活教育課。

世界有各式各樣的工作與百態的人生，不要只把孩子關在家裡和補習班，要多帶孩子跟社會互動產生連結，也要常常討論生活經驗。像現在家裡如果臨時需要買東西，我常常讓孩子幫忙外出代購。我們全家出外旅遊時，也大多靠孩子們看地圖找路。當孩子發現有興趣想嘗試的餐廳，我也會讓高一的哥哥打電話預約。

不管孩子現在幾歲，都需要隨時、隨地、隨處培養他們解決問題的能力，也需要大人在旁引領他們多做冷靜的沉澱與思考，我們可以多跟孩子分享自己經歷過或聽過的事情和狀況，問問他們會怎麼做，這樣會刺激孩子做深度的思考。

此外，無論是在閱讀時獲得的知識，或是在生活實務經驗中親身體驗的經歷，都可以累積並融會貫通成為自己的智慧，進而成為我們解決問題的養分，然後在解決問題之後又帶給我們一次又一次的成長，這樣孩子的生命就走在正向成長中。當孩子有更多的能力與自信，面對生命中的考驗與挑戰時，才能產生隨機應變的機制，和懂得轉換隨遇而安的心境。

要幫助，但不要過度介入

教養孩子長大是父母的義務與責任，但獨立、自信、可以自己解決問題，卻是孩子該學習的課題。

自從我不再幫孩子們送忘記帶的東西到學校後，他們偶爾還是會丟三落四。那時他們想到可以跟同學借，有時自己也會多準備幾份上課的用品幫助臨時需要的同學。他們發現，在學校發生問題時，要透過同學或老師的幫忙才可以解決，而自己也可以提供協助。這樣，他們減少了對家庭的依賴，也知道跟外界產生連結的重要，同時也慢慢具備解決問題的能力，最重要的是他們明白自己的事自己要負責。

習慣幫孩子善後並不是「幫助」，而會讓他們一直處於幼齡化而對父母「過度依賴」。

讓孩子知道，金錢在人生中扮演的角色

不要教導孩子追求財富，而要教導他們追求樂趣。協助他們建立正確的金錢使用觀念，提昇精神層面的感受能力。一直想要擁有更多的物質，並不會讓孩子更快樂，當孩子瞭解事物的「價值」重於「價格」時，才能役物而不是役於物。

孩子接觸3C產品已經是稀鬆平常的事。電腦上的遊戲，目眩神迷又精彩刺激，讓孩子不心動都難。但，如果孩子私下拿你的錢去儲值遊戲，你會知道嗎？

以前，我單純地以為，孩子如果要在網路上消費，必須先綁定父母的信用卡，因此使用前當然得先徵得大人的許可。但是，當我聽兒子說起同學、朋友之間金錢上的糾紛，才知道原來孩子們還可以拿著現金去便利商店儲值。

在電玩遊戲裡，迷失於虛擬與現實中載浮載沉的孩子，需要家長的關心與幫忙。對於現在的男孩而言，電腦遊戲是他們共通的語言，如果都沒有接觸任何遊戲，也許很難打進同儕之間的話題。我已經聽過太多關於儲值電腦遊戲而產生的金錢糾紛，那金額還不是一百元、兩百元而已，常常到了上千、上萬，才東窗事發。

我不玩電腦遊戲，曾經也很不能理解，為什麼兒子們這麼喜歡玩電腦遊戲，甚至為了玩遊戲的時間長短，跟他們一再爆發爭執與衝突。當自己冷靜下來捫心自問，如果我們做父母的只是一味地禁止與圍堵，那孩子還可以依靠誰、信任誰？還可以跟誰一起聊他的興趣和嗜好？我們的拒絕把孩子推向外界的不可預期，不是隱藏著更大的風險嗎？

想跟孩子拉進心的距離，至少要知道他們喜歡什麼。當我開始去了解孩子們都在玩些什麼遊戲，這才知道電腦遊戲對男孩的影響真的很大。男孩天性喜好競爭，求勝心切，希望自己在遊戲中有很好的成績，所以會不惜用真正的金錢去買裝備，讓自己的能力與等級都可以更快速提升，在同儕之間才具有優勢，或至少不落伍。

現在的孩子普遍都有零用錢，有些父母甚至會大手筆地給錢，孩子身上帶著三千、五千，令人瞠目結舌，但那些被「富養」的孩子們卻習以為常。

當孩子的錢不夠用時，可能就會從父母的錢包裡偷拿，父母也不會仔細牢記皮包裡原本放有多少錢，皮包也都隨意擱置。直到孩子從一百、兩百的拿，變成一千、兩千的取，父母才開始懷疑，為什麼皮包裡的錢數經常有異。

其實不少孩子在私底下都拿過父母的錢，只是爸媽都不知道。當孩子愈大，就會愈有自由運用金錢的需求，所以要給孩子建立正確的金錢觀念。

一、**不是自己的錢，不可以不告而取**。

孩子私下拿父母的錢花用時，父母先不要急著生氣、發脾氣，這只是孩子還沒有建立良好的物權觀念。

以前看過一篇文章，大意是說，一個男孩跟父親去買東西，店家的老闆好意提醒父親，說他兒子花錢愈來愈大手筆，希望不是偷拿父母的錢，而是父母給他的零用錢。他父親跟老闆說：「他花的錢，當然是我給的。」一回到家，父親只對孩子說：「下次不要再私自拿父母的錢去花了。」原本一路上擔心受怕會被父親懲罰的孩子，因為得到了父親的原諒與指引，激起了自己的羞恥心與榮譽心，從此改掉私自拿錢的習慣。

孩子跟大人一樣，好面子也有羞恥心。在外人面前，一定要保留住孩子的尊嚴；在私底下，則要告訴孩子正確的觀念。如此，父母說的話，孩子才會願意聽，也才可能聽得進去。

二、**不要給孩子太多的零用錢**。

有些孩子要自己買早餐、點心、晚餐，所以父母為了方便，一次會給個一、兩千元。我跟孩子討論過，如果這樣就真的給太多錢了，應該要天天給，每次給個一、兩百元，有足夠的錢買東西吃即可。當然，父母也要關心孩子都買哪些東西，吃進肚裡的究竟是什麼食物。

三、**盡量不要跟同學或朋友有金錢往來**。

孩子念國中以後，因為正在快速發育，比較容易肚子餓，而學校也大多有福利社販賣食物，可以讓孩子帶一些錢在身上，以備不時之需。但要告訴孩子，盡量不要跟同學或朋友之間有金錢往來，以免產生糾紛。

如果臨時跟同學、朋友借錢用，一定要盡快歸還相借的金額，不要拖欠。

四、區分「想要」與「需要」。

讓孩子釐清與分辨心中的想要與需要，已經是老生常談的話題。只是，有時不是孩子不會分辨，而是父母自己把持不住，幫孩子滿足了想要卻不一定是需要的需求。

不要因為只是花小錢，就隨便滿足孩子的需求，這樣不但會讓孩子不珍惜太容易得到的東西，也可能養成浪費的習慣。該花的錢，一分都不能省，但不該花的錢，也是一毛都不可以浪費。

竑勳在小六暑假時有天晚上跟我說：「媽媽，我想買一組東西，要五千多元。」

我問：「要多少錢？」（因為我以為我聽錯了！）

他說：「五千多元，原本要賣六千多元，現在有降價了，而且我存了九千元。」

我說：「不是有沒有錢的關係，而是真的太貴了，不值得花這個錢買。」

我的斷然拒絕，讓竑勳在那一夜枕著淚入睡，而我的心也碎了一地。我沮喪又失望地想著，為什麼一個才十二歲的孩子會覺得「我有錢就可以買」？他要買個五千多元的東西好像不痛不癢的，他真的明白物品的價值與價格嗎？

隔天早上我對孩子說：「等一下你把要買的東西圖片拿來給我們看，爸爸媽媽跟哥哥幫你判斷看看值不值得。我相信你想買的東西一定是好東西，而且你也非常喜歡。但是它值不值得這樣的價錢呢？媽媽希望你學會選擇自己適合的，不要買了以後後悔。」

結果，哥哥和爸爸都覺得所費不貲，也認為在暑假過後一定會再降價。但他還是想買，於是我要他寫個切結書表示不會後悔，也不會怪爸爸媽媽和哥哥沒有勸他。然後我又更深入地問他一些與產品有關的事情，這時他突然說：「媽媽，我被妳問到想通了，我決定不買了，我突然覺得很不值得，五千塊可以買好多東西啊！」

後來，竑勳很感謝我們當初的反對，因為他後來也發現自己並不喜歡玩那個遊戲，也了解一個人喜歡的東西是會改變的，並不需要花太多錢去滿足一時的衝動。

五、讓孩子學習管理自己可以支配的金錢。

不管是零用錢、獎學金、壓歲錢等，都可以讓孩子學習管理自己可以支配的錢財。從小就要讓孩子知道，學習理財是重要的事，藉此建立起敏銳與正確的支配使用態度。

父母也可以給孩子記事本，讓孩子記錄金錢的來源與花費去處，如此他們對金錢的使用概念才會具象化。

六、金錢得來不易，讓孩子學會感激。

現在的孩子很少有機會看到父母辛勤工作的身影，甚至還會天真地以為，在提款機前面按幾個數字就會有錢出來。父母要多跟孩子聊聊自己的工作，如果情況許可，也可以帶孩子參觀自己工作的場所，讓他們知道，職業無貴賤之分，行行出狀元，而且每一分錢也都得來不易，要懂得惜福與感恩。

就像上個例子，當竑勳說要買五千多元的商品時，我告訴他：「媽媽代一堂課只能賺三百二十元，五千多元要代十幾堂課。你一個月只有五十元的零用錢，那五千多元你得存多久？媽媽一個月捐七百元就能認養一個蒙古小孩，我們去旅遊過的越南，六千多元也可以讓一個家庭生活一個月，你要多想想要買的東西是否值得。」

凡是可以用錢處理的事，大多是小事，但是有更多的事，不是靠錢就能解決。要讓孩子有正確的金錢使用觀念，不要讓孩子誤以為金錢是萬能的，而流於盲目地追求金錢，甚至被物質欲望控制住心智。花錢本來是件快樂的事，但不當地使用金錢，不但可能買不到快樂，反而會招來災難。

你的陪伴，勝過給孩子物質的滿足

會不會賺錢，跟懂不懂得理財是兩件事。當孩子還沒有賺錢的能力時，應該讓他們知道金錢從哪裡來，學習該如何分配，而不是靠父母滿足自身的物質慾望。

寵孩子，別用錢，要用愛。精神富足的孩子，才有健康的能力去創造自己生活的富足。

進小學前，先教孩子學會保護自己

會讓人感到不舒服的行為和言語，都算是霸凌。
先教孩子學會拒絕與懂得保護自己，就是避免被霸凌的第一步。
我們不希望孩子變成被霸凌的受體，
當然也要教導孩子，不可以變成霸凌別人的主體。

父母都很怕孩子在學校被人霸凌，但是，在孩子心中對霸凌的認知，跟父母相同嗎？以下是我家孩子的故事，或許也可以讓大家從另一個角度看霸凌的問題。

之前，祐亨跟竑勳兩兄弟就讀的小學是同一所學校。

有天，還在唸小學的弟弟竑勳從學校回來，笑嘻嘻地對我說：「哥哥今天到我們學校跟小學生打羽球，結果被反敗為勝了！」（當時哥哥祐亨已經是國中生了）

我問了弟弟事情的來龍去脈，大概知道發生了什麼事。後來看到哥哥回家，我問他：「哥哥，我需要安慰你嗎？聽說你今天被小學弟反敗為勝了？」

他心情顯然完全沒受影響，高興地回我說：「不用啊！其實很好玩！」

事情是這樣的：哥哥以畢業生的身份回母校，跟即將升小五的學弟對練羽球。起初，學弟小贏，後來哥哥迎頭追上，領先很久之後，學弟又再度慢慢追上。最後雙方平手時，大家一起幫學弟加油喊著：「反敗為勝、反敗為勝」，結果學弟就真的逆轉勝了。

我問哥哥：「當大家都在喊著反敗為勝時，你會覺得被集體霸凌嗎？」

哥哥說：「不會啊！我也覺得很好玩。因為我們畢業生回去，就是要幫學弟學妹們練強，他們進步了，我們也很高興。」

哥哥有著健康與樂觀的態度，還知道要幫助學弟學妹球技精進，真讓人覺得欣慰。

現在的家長都很擔心孩子會遇到被霸凌的問題。但是霸凌與否，到底要如何界定呢？我認為，所謂霸凌，是長時間的欺負，並帶著惡意對待他人，這是不能容忍的行為。反之，若原本沒有惡意，卻不小心造成傷害時，我們可以接受對方的道歉，原諒他的無心之過。

孩子在進入小學前，父母可以先讓孩子學會這些事：

一、要分享在學校發生的事情。

在學校喜歡跟老師打小報告和動不動就哭的小孩，其實人緣都不太好。剛進入小學的孩子雖然還小，但父母還是要先讓孩子學會分辨，同學是在玩，還是真的起衝突，並教導孩子不要太計較同學之間不小心的碰撞，要學會原諒別人的不小心。但也要告訴孩子，在學校發生的事情，都要回家跟父母說。

透過孩子的陳述與分享，父母可以幫忙梳理與過濾孩子一天的學習狀況，讓孩子記得快樂的經驗，改善不愉快的學習過程。也要克制自己想要干涉的欲望，不要過度涉入孩子在校園的生活，讓孩子學習在摸索中，建立良善的群我關係。

二、不喜歡別人對自己做的事，也不能對別人做。

孩子在學校時，跟同學的相處，其實是種很微妙的互動關係。「己所不欲，勿施於人」，要讓孩子先站在自己的角度思考：如果別人這樣跟我說話，或是對待我，我會不會不開心？會不會生氣或難過？不喜歡別人對自己做的事或說的話，就千萬不要對別人說或做，要有「反求諸己」與「將心比心」的同理心。

如果看見一群孩子，對另一個孩子做著自己不喜歡的事，可以去告訴老師，讓老師來處理。

三、學會拒絕不舒服的對待。

有些孩子的容忍度很高，但這不一定是優點。如果是套用在霸凌的事上，很容易就被軟土深掘。當有孩子被欺負卻不會拒絕時，就可能被別人認定為很好欺負。

要告訴孩子，學會拒絕不舒服的對待，就是照顧自己與保護自己的開始。像是別人不能隨便亂碰觸自己身體私密的地方；也不能不經過自己的同意，就隨意地拿走私人的東西。

四、要主動交朋友。

告訴孩子，要表現友善，主動交朋友。

現在小學強調融合教育，在班級編制上也許會遇上特殊生。就我在學校代課的經驗發現，融合教育實施得挺成功。也許孩子一開始在接觸特殊生時會覺得有些不一樣，但透過老師和輔導員的引導，大家都可以相處得很好，也有些特殊生積極向學的態度，甚至可以成為同學學習的榜樣。

孩子進入學校除了學習知識，更重要的是學習人際相處，要鼓勵孩子多釋出善意結交朋友。

五、避免去校園偏僻處。

小學校園比幼兒園大上許多，孩子的好奇心很重，難免想探查校園。要告訴孩子，不要落單去上廁所，或到校園偏僻處，危險，總潛藏在角落。

幼兒園跟小學有許多的不同，像是小學有上下課的固定時間、女生是蹲式廁所、人數眾多、年齡差異大等，孩子要學習觀察環境人事物，藉由反思與自省，看看別人和自己的相處方式等來自我成長。

再跟大家分享幾個故事：

祐亨在小學三年級時，班上有個男生動作很大，常常不小心弄傷同學，祐亨也被他弄傷過幾次。但因為他都不是故意的，同學還是會跟他一起玩。另外有一個女生，很愛哭，別人不小心碰到她，或是說了她什麼，她都動不動就哭，漸漸大家都害怕跟她在一起了。

後來那個男生，慢慢學會控制自己的動作和力道，漸漸就不會造成同學受傷；那個玻璃心的女生，到了高年級終於不再愛哭，人緣才慢慢變好。

孩子其實要學會觀察和自省，才可能跟同學相處融洽，而不是回家跟父母說對學校不滿的事情後，家長覺得孩子受委屈就跑到學校找師長理論。家長這種喜歡討公道的行為，其實不但會讓孩子在校人緣不好，同時也剝奪了孩子學習人際相處的能力，有時候我們還是要忍一忍想幫孩子的衝動。

另外一件事，也讓我們母子深入討論過霸凌。在祐亨高年級時，他說班上有個男生衛生習慣不好，喜歡挖鼻孔卻不洗手，大家跟他說，或老師勸告他，他都一概否認，後來不敢跟他接觸的人愈來愈多。

孩子不能解決會讓他不舒服的同學衛生問題，而選擇不接觸那位同學。大多數同學都做了這樣的選擇，能算是集體排擠或霸凌嗎？

面對這樣的發展，我問祐亨這樣他們算是公然排擠、集體霸凌嗎？祐亨說：「媽媽，我們不能讓他改變不衛生的行為，但我們至少可以保護自己不跟他接觸吧！這樣怎麼能算是我們排擠、霸凌他呢？」

孩子在學校上學，除了學習課本的知識，更重要的是學習人際上的相處。後來到六年級時，有一天祐亨很開心地跟我分享，有一個男同學發現那個男生最近真的不挖鼻孔了，他主動問他們要不要找他一起玩，大家都同意，就玩在一起了，老師知道了，也覺得很感動。

孩子藉由觀察、自省，進而改善自己的行為，是不是很棒的能力呢？

霸凌這個字詞，在校園中，大人的界定和孩子的行為到底有沒有一致性呢？其實心態很重要，孩子要學會觀察與自省，看看自己和別人的行為是善意還是帶著惡意，是故意還是不小心。如同學之間遊戲，很容易因為肢體動作上的控制不當，而造成別人身體上的傷害。如果孩子願意原諒對方，家長就不需要耿耿於懷。畢竟，如果當自己的孩子因為不小心而傷害到其他的人事物，他一定也會希望得到原諒與寬恕。

但是，大人也要教孩子懂得分辨對方是不是心懷惡意，他的行為會不會造成傷害，有些玩笑是不能亂開的。例如，在人的食物或飲水內亂加東西、在別人要坐下時把椅子拿走，諸如此類，這些帶著惡意的玩笑或對待，都是霸凌。開玩笑如果不能拿捏分寸，就不能亂開玩笑。

會讓人感到不舒服、恐懼、害怕、憤怒或傷心的行為和語言，都算是霸凌。我們不希望孩子變成被霸凌的受體，當然也要教導孩子，不可以變成霸凌別人的主體。

先教孩子學會拒絕，與懂得保護自己，就是避免被霸凌的第一步。另外要讓孩子養成良好的衛生習慣，照顧好身體，在校園多交朋友，主動幫助人，有良好的人際關係，也比較不會變成被霸凌的對象。當看見不合常理或是讓人恐懼不舒服的狀況，可以去告訴老師。當然，自己更不可以帶著惡意去對待其他的同學。不希望自己的孩子被霸凌，更不能讓孩子去霸凌別人。

每一個人，都先從管理好自己做起，就會減少很多無謂的糾紛。

孩子學獨立，父母要鬆手

小學生活豐富又有趣，父母毋需如驚弓之鳥地過度擔心。讓孩子自然地跟老師同學相處，不要害怕自己的孩子吃虧，也不要太計較同學之間的小摩擦，更不要跟班導師變成敵對雙方，其實很多乍看之下的大事都是可以輕鬆以對的小事。

孩子要在相對安全的校園中先訓練自己與不同人相處的能力，日後才容易融入更形複雜的社會。

家有國中生的父母因應之道

雖然父母愛孩子的心不會改變，
但給孩子的愛與方式，卻得做階段性的改變。
國中孩子既想獨立，卻也需要依賴父母，
成為他們人生分歧點上的燈塔，溫暖陪伴朝往正向行進。

以前我們這一輩在唸書的年代，在國中時期，學生就被考試成績硬生生地分成升學班和放牛班，兩種班級的孩子，雖然在同一所學校，但在老師授課及課業學習上，卻像平行世界，沒有交集。

現在進入十二年國教的時代，孩子進入國中，沒有強制的能力分班，是面對怎樣的狀況？孩子與家長，又各需要做些什麼準備來調適呢？我們從幾個面向來觀察與思考：

一、**該讀公立還是私立學校，由孩子的能力與意願決定。**

很多家長害怕孩子在公立國中交到壞朋友，或是染上惡習，往往拼命地想把孩子送進勤教嚴管的私中，但這樣做只考慮到學習的環境，卻沒有關注到「孩子這個人」。青春期的孩子已經到了不再是「父母說了算」的年齡，孩子究竟要不要讀私中，要把孩子的能力、個性和意願等因素都列入考量。如果是經過孩子自己深思熟慮和分享利弊得失後做的選擇，他們通常會比較願意接受與努力。

二、**雖然沒有髮禁，但不能染髮、燙髮。**

私立中學大多依然保有髮禁，只是各校規定的長短不同，有些公立國中也有髮禁，大多的國中沒有頭髮長度的限制，但是不能染髮、燙髮。

有家長以為髮禁解除了，不知道學校不能燙髮，帶兒子去燙了一個捲捲頭，學校要求他回復原本的髮型，於是隔天他只得又把頭髮燙回來。這是兒子們在國中遇到的真實故事，孩子們都覺得既浪費錢又浪費時間，得不償失，所以家長要跟孩子一起了解校規。

現在孩子有少年白髮現象的人愈來愈多，有人甚至在國小就得開始染髮才能蓋過了。到了國中怎麼辦呢？那染成黑色，老師就不知道是染髮。這也是校園的實例，畢竟，國中白頭太突兀了，但染成其他顏色就會被禁止。

三、**陪著孩子遵守校規**。

國中是賞罰分明的時期。祐亨在國一寒假出國旅遊時，剛好碰上返校日，無法協助打掃，除了要請假之外，還要做二十個愛校服務相抵。

愛校服務、銷過單等，這些其實都只是讓缺席打掃、遲到，或是被記警告、記過等的學生，藉由對學校的服務來功過相抵，只是各校名稱用的不同。家長如果聽到孩子提起要愛校服務或銷過時也不要太擔心，只要了解孩子被處罰的原因究竟為何。但是如果孩子常常遲到或違反校規太多，連銷過都來不及做完，家長還是要注意與關心一下。

當孩子進入國中，父母的第一個要務不是到處幫孩子找補習班，而是陪著孩子一起遵守校規，孩子才不會動輒得咎到排斥上學。

四、跟孩子談「戀愛」這件事。

國中的孩子大多進入青春期，性荷爾蒙在體內奔流，你要他無感，沒有幻想，不但不能疏通，也強人所難，這時孩子的「情感教育」特別重要。

校規不能談戀愛，但還是有孩子偷偷愛。兩個兒子在小學時期就遇過被仰慕、被示好的狀況，所以我也跟他們談過「喜歡」這種感覺與該做的事。

喜歡，是一種很正常的情愫，孩子有喜歡的人或是被人喜歡，更是正常的現象。只是剛進入情竇初開年紀孩子們的喜歡，其實常會改變，有時改變得也很莫名。可以跟孩子們分享一下自己談戀愛的經驗和想法，當孩子的好奇心被接受與理解，就不一定會急著想去嘗試，反而是愈禁止、愈排斥談這個話題的家庭，孩子愈會好奇地偷偷談戀愛。

每個家庭的情感教育觀可能會有差異，但基本上，要讓孩子知道尊重兩性在性徵上明顯的不同，保持住身體和口語上的界線。可以在心中有自己喜歡的人，但不需要急著進入一對一的交往模式，因為在國中階段，還只是學習同儕與兩性和諧相處的重要時期。

五、同學偶爾會打架，只要沒人受傷，其實無傷大雅。

國中孩子都像是一顆又一顆蓄積滿能量的炸彈，誰都不知道會因為什麼事就引爆，在教室裡常常突然就有兩個同學打起來，有些人會勸架地把他們拉開，也有人會在旁邊喊著加油，更有人覺得有趣當成在看好戲。你問怎麼就是沒有人跑去找老師告狀呢？這就是國中和國小最大的差別，因為沒有人會在國中當「報馬仔」，那是大忌。國中孩子很在乎自己在同儕中的評價，他們不再急著找老師當仲裁，因為不想被討厭，不想當異類被排擠。

孩子在學校打架，只要沒有人受傷，沒有弄壞物品，就當作是正常的能量釋放。

六、探索未來職業的方向。

進入國中，孩子需要多探索自己的內在與能力，因為現在升學的管道很多元，如果孩子可以找出自己的志趣，設定好努力的目標，才不會過著得過且過的日子。

喜歡念書與做學術研究的孩子，可以進入一般高中，繼續在學術裡面鑽研；擅長手作或有特定志趣的孩子，可以進入高職或五專學習一技之長。

職業探索不是一試定終生，而是在學校的規畫合作與孩子家長的意願下，可以到不同的職校去參觀與接觸他們所學習的專業。多觀察孩子，也鼓勵孩子多嘗試，才可以協助他們了解自己的能力與興趣。

家長不要只盯著孩子的學業成績瞧，多跟孩子聊天談心，了解孩子內心的想法，比追求好成績重要。陪著孩子找出他的興趣與強項，才能設定好努力的正確目標。

轉大人教養法

孩子進入國中，不再需要父母無微不至的照顧和呵護，而是需要父母的尊重與信任，讓他向外可以交朋友學習新事物，向內可以對自己進行探索與認識。

在國中時期，很多孩子的身高都會慢慢超過母親，甚至父親，儼然已是個小大人了。這時的管教方式，要跳脫打罵，多鼓勵孩子為自己該做、能做的事負責，全力以赴把事情做好。

親子之間的正向互動與鼓勵，是引領孩子勇往直前的指南針。即使不能陪伴在孩子身旁時，也要為他們的人生加油，這就是父母能給予孩子最好的祝福與鼓勵。

幫孩子請假出遊，我投反對票

父母應該尊重學校安排的行事曆，盡量配合及參與學校的活動，避免讓孩子在課間請假。父母做好工作是責任，孩子在學校學習是義務和權利，父母排特休是福利，孩子請長假出國旅遊卻必須是權宜之計。

孩子在課間請假，只是寫張假單這麼簡單的事情嗎？我們不能只站在家長的角度考慮事情，要抽離本位主義，站在孩子的角度去看待他們在課間請假要面對的身心壓力，尤其是要安排帶孩子出國旅遊卻與月考撞期時，更要慎重安排。

我建議可以從下面幾個面向，評估孩子對於課間請假的視角與內心想法。

一、孩子要補功課、補考試。

孩子難免會生病，會遇上婚喪喜慶的事需要出席，甚至是代表學校去校外參加比賽等，所以需要請假。

一般來說，只請一天假，如果有家人幫忙代交作業或聯絡簿，班上同學可以幫忙抄寫聯絡簿等，如此即使孩子在家，也能無縫接軌地完成作業。即使當天有考試，明天上學再補考即可。

但是請假出國，往往動輒超過三天，孩子要補寫很多作業，還要補考。出國玩一趟，大人的心思可能都還在旅遊地流連忘返，更何況是孩子？但他除了要面對一堆的作業和試卷，可能還會因為同學延誤拿到月考考卷而受到排擠與怨懟，這些狀況，家長可以感同身受嗎？你能責怪同學對他冷嘲熱諷，或是其他情緒性的投射嗎？

如果是參加親友的海外婚喪喜慶，這樣千載難逢的機緣，要跟孩子講解清楚，讓他知道是慎重地去參與家族的重要活動，而不單單是去玩樂與放鬆，其他同學知道實情也較能理解和接受。

二、**學習上的斷裂與不連結**。

孩子請假，在大人眼裡看起來也許只是小事，但是要面對後續狀況的卻是孩子。曾經有次寒假我們全家出國旅遊十天，竑勳的美語課因此請假兩次。回國後不久小考，他因沒有考過八十五分的門檻而補考，後來的補考也沒過，把老師嚇了一大跳。這就是因為請假沒上到的課，造成學習上的斷層。

學習是一條不能間斷的路，在路上不要讓孩子留下太多不懂得的小洞與疑惑，這樣他拼湊出的知識，會因無法連結與活用，而失去學習的效能與想要持續的動力。

三、**價值認同的混淆與錯亂**。

不是只有自己的孩子請假出國玩會受到影響，其他同學和老師也會受到請假同學的牽累。

某次清明連假四天放完後，我去學校代四年級的課，發現班上有三個同學請假。

班導師說：「一個生病，兩個出國去玩。那兩個同學的成績都不好，學習狀況也不理想，回國還不知道要補多久才可以跟上來。放四天連假不出國，等開學了才請假，真不知道家長到底怎麼想啊！」

家長的工作壓力的確很大，但孩子的學習以及與同學相處的壓力，家長應該多一些在乎和尊重，這樣才可以真正幫助孩子提升學習成效。

寒暑假的團費確實貴很多，一家四口就可能比平時要多付萬餘元。但是當我們只在乎花多少錢，而不在乎價格之外所產生的副作用影響時，那不是灌輸孩子「金錢至上」的觀念嗎？

學校是一個群體互動、共同學習的單位，一個人請假，表面上看來只是個人的行為，但老師必須額外幫他補課，同學必須幫他做分配到的打掃工作，或是學習心情會受到影響等，是牽一髮而動全局的。

就像之前某壽司店舉辦名字中有「鮭魚」兩字就可以免費用餐的活動，居然真有人為了吃免費壽司而去改名。這看起來好像是他個人的選擇與行為，但他改名卻花費到戶政人員的人力和資源，因為免費也可能造成壽司店的食物被浪費等狀況發生。這並不只是改名吃免費壽司這麼單純的事件，而是價值認同的混淆與錯亂。這個社會事件，家長可以趁機給孩子機會教育聊一聊，看看孩子的想法是否「把偏差的思想行為當有趣」。

四、孩子其實並不喜歡請假。

大家應該都有這樣的經驗：當孩子生病了，家長會希望他待在家裡好好休息，但是孩子卻覺得自己的身心狀況都還可以去學校上學。非到萬不得已的狀況，孩子其實並不想缺席。

如果你的孩子常常希望你幫他請假，甚至覺得能請假出國玩最好了，這是父母需要關心的情況。孩子是不是在學校遇上了什麼麻煩事想逃避，還是孩子的學習態度不積極與不熱忱？又或是孩子的學習成就低落而不想面對？

在學校可以積極健康學習、與師生和諧互動的孩子，基本上還是比較喜歡上學的。若是孩子喜歡請假，其實是冰山露出一角的訊號，父母要慎重對待。

五、旅遊前可先徵詢孩子的想法。

在孩子唸小學後，我們安排旅遊時，都會先徵詢孩子的想法，一方面顯示對他的尊重，另一方面也讓孩子有參與感。

當孩子越大，就越不喜歡「被決定」。做父母的，也要教會孩子做選擇、做判斷與做取捨。安排一趟全家出遊，要注意的事項很多，當孩子被邀請參與其間，可以學習到考量家人的不同需求，包括金額花費、時間安排、地點設定、行程規劃等，這些遠比出遊可以學習到更多。

讓孩子多參與討論家裡的活動，這樣不但能讓他們的應變能力與思考面向更多元，也是家長對孩子的賦能與尊重信任，對親子來說是雙贏的事。

六、不需刻意買禮物或名產分享。

買禮物與名產，是出遊的樂趣，卻也是種壓力。

以前，我們家也會在外出旅遊後買小禮物送老師，買名產請同學吃，但幾次下來，孩子們都說：「其他人出去玩後回來都沒有送，我們也不用啦！」

送禮或請吃零食特產，都是孩子自己要去學校處理的事，如果孩子不願意再做，我們當然也不能勉強。而且，也不該因此給其他同學或家長產生互相比較的壓力。

總之，孩子受教育的權利與義務，都是他們自己承擔的事，父母不應該越俎代庖地去質問老師或同學跟孩子的互動。父母只需要關心與鼓勵孩子保持學習的熱忱及交友的善意，讓孩子用自己覺得適合的方式在學校度過學習的時光，同時支持與配合學校行事曆的安排，不在課間隨意請假，這樣就是給孩子最好的協助與穩定。

愛孩子，就不要讓他們成為眾矢之的

孩子在校園現場，除了學習知識與人際相處，其實他們也會觀察與比較，為什麼在月考請假出遊的孩子特別讓人排斥呢？因為請假學生的月考分數不但會被打折（有的學校會打九折，有的打八折，各校不一定），同時也會拉低全班成績在班際上的排名，更會讓其他同學延後領到考卷，並連帶影響其他孩子在安親班等學習進度，是牽一髮而動全局的效應。

在群體生活中學習的孩子，其實很害怕特立獨行而成為千夫所指。下次要幫孩子請假前，請盡量避開學校重要行事曆上的日期，讓孩子可以正常參與校園活動。

高中才能擁有手機的3C教養觀

父母不該是提供給孩子物質享受的供應商，而是陪孩子健康成長的監督者。3C產品是孩子學習的好幫手，還是害孩子成癮的元兇？在什麼階段、以及可以如何使用3C產品，需要家長和孩子一起思考與評估。

很多孩子都會跟父母吵要有自己的手機，最大的理由就是：「同學都有！」有些孩子在讀小學時就會帶手機上學，孩子往往看到別人擁有，自己也會想要比照辦理。但父母要因為這樣就滿足孩子的想要嗎？當然不是。大人要引導孩子思考，自己到底需不需要手機，或何時需要手機，當孩子經過深思後得到的想法，才可以說服他自己。

像是祐亨在小五的時候就問過我：「媽媽，我什麼時候可以有自己的手機？」

我問他：「你為什麼需要自己的手機呢？」

他說：「可以聯絡啊！」

我又問道：「你在學校上課，放學就回家了，有什麼事情需要聯絡呢？」

他想了想：「對耶！好像不需要用手機連絡。那，什麼時候才需要聯絡，可以有自己的手機呢？」

我說：「等你上高中的時候吧！那時候你也許在外地念書，學校的事情也比較多，需要用手機跟我們做聯繫，這樣會比較方便。」

當祐亨升上高一，我就真的陪他去買了手機。在此之前，孩子們都沒有抗議過自己沒有手機，因為我們已經先進行過充分的溝通與了解。

很多家長經不起孩子的吵鬧就妥協，最後再怪孩子手機成癮，這到底是誰的錯？

手機的功能除了連繫之外，對孩子來說最吸引人的是上網和玩遊戲，孩子如果因為課業需要上網查資料，這時用家裡的電腦處理就好，而不是用手機。如果孩子只是要上社群網站和同學閒聊，甚至交陌生的網友討拍尋求慰藉，這不是本末倒置嗎？

孩子在高中以前真正需要上網查資料的課業極少，如果執意要手機，其實只是想滿足擁有自己手機的慾望，父母要有足夠的智慧應付，這包含溝通的智慧與螢幕智慧。

現代孩子有些是交給數位保母照顧，孩子只要一吵，父母就提供手機或平板，甚至在餐廳有學齡前的孩子吃飯配平板或手機，兩眼直盯著螢幕，由家人餵食，這餵的根本是數位海洛英。

父母真的要正視３Ｃ產品對生活的影響，在給孩子使用數位用品前要做好規範與約定：

一、六歲前不讓孩子玩手機，中小學一次使用不超過半小時。

二、要先做完功課才能使用３Ｃ，重要的事一定要先完成。

三、睡覺前一小時不使用３Ｃ產品，在約定的時間要上床睡覺。

四、不要結交在眞實世界中不認識的朋友當網友，要了解孩子的數位足跡。

五、睡前交出手機，不要放在房間，避免孩子偷偷起床使用而影響睡眠。

六、與孩子討論他們在玩的網路遊戲、看的影片或聽的歌曲的連結網站，以拉近世代距離。

七、安排全家不使用３Ｃ的時間，家人一起用來聊天互動增進感情。

八、找出孩子在現實生活中的強項，多鼓勵孩子進行探索，在現實世界有自信與連結，就不會在虛擬世界中尋找慰藉而沉迷。

九、讓孩子寫下約定事項後簽名，在孩子要賴時拿出來給他看。

十、孩子使用手機如果無法自制，就要收回保管與再觀察。

即便已是高中的孩子，有時候自律能力尚嫌不足，更何況是剛進入課業繁重的國中生呢？祐亨高一的老師，提供了一個「停機坪」給學生在上課和午休時暫放手機，但有些班級並未統一集中保管，就有同學在上課時隨時查看手機，不但影響自己上課的學習與專注度，也影響師生的教學與學習效果。如果國中或小學生就有手機，希望他們能透過自律而不成癮，簡直是天方夜譚。

好多讀者都問我該怎麼戒除孩子手機成癮的狀況，其實大多原因都是孩子在國小就開始吵著要手機，吵到國中父母就堅持不住，而提供給孩子手機。沒想到不但沒有因此減緩親子衝突，還成為孩子手機成癮的幫兇。

孩子剛進入青春期，正在萌芽自我意識與要求更多的自由和尊重，他吵著要個人手機只是在試探父母的底限，甚至還有孩子吵著要騎機車。如果未成年沒駕照的孩子堅持要騎機車，你會同意嗎？

我們家的情況是：在還沒有提供孩子個人手機之前，他們如果跟同學相約外出，我會提供給他們一支臨時連絡用的手機，在回家後就要歸還。

孩子未成年時為什麼需要監護人？因為他心智還不夠成熟到會選擇對自己最適合的，他只想選當下最爽、最快樂的，幹嘛要去考慮後果？他們是暴衝的法拉利，只會催油，卻不知道要踩煞車，而父母就是要讓孩子知道他要學習讓自己擁有踩煞車的能力。

有個朋友跟我說：「這次我國二的女兒月考成績退步很多，她自己跟我說，媽媽，在月考的時候請妳幫我把手機收起來，我自制力還是不夠，會忍不住想看。」我說：「妳女兒真的很棒！發現自己自我控制的不夠時，還知道跟媽媽求救。」

我們大人都常常會忍不住想瞄一下手機上的通知或訊息，怎麼可能讓剛進入辛苦學習階段的國中孩子自己控制使用手機的時間和內容呢？這不是強人所難嗎？

有次竝動的國中同學來家裡玩，我跟他們聊了一下他們使用手機的情形，大部分的孩子都承認自己很喜歡玩手機遊戲，但是如果有同學一起運動、騎單車或打球時，就不會一直想玩手機。而且在睡覺的時候，爸媽都規定一定要把手機放在臥房外面，不然他們真的會忍不住想起床偷用。

國中孩子剛進入紛亂的青春期，還在學習自我控制與認識自己，也在觀察同儕之間的行事作為，家長可以讓孩子帶同學來家裡玩，大家一起運動和遊戲，在真實的世界中連結與情感聯繫，才不會想在虛擬世界中尋求溫暖與成就感，大人還可以藉此觀察孩子和同學之間的互動。

不要為了害怕親子衝突就提早給孩子個人手機，而是要帶領孩子認知手機對他的效用與意義。在孩子高中前多帶孩子跟外面世界和家人做連結，如果真的要提供孩子個人手機，最快也要在高中以後，在此之前，只提供臨時需要的手機，用完就要收回來。如果孩子「以死相逼」，這表示除了手機之外，親子之間的裂縫早就存在，就更需要父母用智慧與愛去彌補，重新搭建起親子健康與正向的互動管道。

所有的教養都需要溫和而堅定地去執行，如果孩子還沒有足夠的自我約束和自律能力，更需要父母用教養的自信去幫助孩子，確保你給孩子的是適合的愛而不是毒害。

孩子的數位足跡，比他說出去的話或做過的事影響都深遠，文章或圖片一旦上傳，不是刪掉就沒事了。當然，父母也不要給孩子手機後就放任不管，而是要持續關心孩子的使用情況，做一個稱職的監督者。讓3C產品變成孩子學習跟世界連結的好幫手，而不是傷害孩子生活的數位殺手。

數位教養該有的堅持

孩子在成為思想與行為都可以獨立的大人前，需要父母當監護人，就是要從大人身上學習如何做一個可以自制與自律的獨立個人。

手機是一個很好的工具，但不是孩子想要就應該給，而是要讓孩子思考，他為什麼需要，以及該如何使用與規範。只有引領孩子多思考與學習做選擇，他才會知道要為自己的選擇負起責任。

在孩子還沒有良好的自控與自律能力之前，請不要給孩子擁有隨時可用的個人手機。

PART II

考不好的孩子，最需要父母支持

別把「家庭作業」當成「家長作業」

寫作業的目的，是加強練習與驗收學習成果，
孩子的學習態度會影響學習深度，要鼓勵他們認真而非應付。
孩子的功課成績，不是父母的教養業績，
讓孩子靠自己仔細地寫，才可以確實把知識內化與充分吸收。

有家長覺得平常跟孩子相處親慈子孝，一旦遇上陪孩子寫功課卻難逃雞飛狗跳，孩子煩惱、家長氣惱，為什麼會這樣呢？只因為界線不清、權責未分，孩子的功課成績，變成了父母的教養業績。

父母協助孩子成長本來是親權，但必須要和孩子自己需擔負的責任做區隔，這樣親

子才可以明白自己的界限和責任，不會讓孩子的作業變成家長痛苦的來源，成為父母管過頭的侵權。以下是我陪孩子寫作業的一些原則，或許可以提供給為指導孩子作業而處於抓狂或崩潰狀態的父母些許建議。

一、**要讓孩子明確知道，寫作業是自己的責任**。

從一開始陪孩子寫作業，就要讓孩子知道，寫作業是他自己的責任。遇到不會的地方，父母可以跟孩子討論，但請不要直接告訴他答案，以免養成孩子依賴的惰性。

因為我們家沒有買參考書或是評量的習慣，所以遇上不會的問題會利用討論或是翻閱書籍的方式找答案。

有時孩子難免會問：「媽媽，有買評量的同學都可以直接抄上面的答案。那我們要不要買？」

我反問他們：「你們覺得呢？」

他們想了想說：「還是不要好了，光抄答案，也不是真的會。」

其實，很多孩子就是習慣抄答案，才會造成浪費了那麼多學習的時間與金錢，卻不一定有好的考試成績。因為他們根本就沒有真正學懂，也沒有思考學習的內容，他只是把答案複製貼上，卻沒留在學習的記憶庫裡。

老大祐亭在小二時有一次跟我說：「媽媽，老師今天發現有同學寫造句是抄字典的！」

我問：「那老師為什麼會發現呢？」

他說：「因為老師改作業時先發現有個同學的造句寫得很好，印象很深刻。沒想到後來又發現有同學也造了一模一樣的句子，就把兩本拿出來對照，結果真的一字不漏，完全一樣。」

我問：「那後來老師怎麼處理呢？」

他說：「老師問同學，他們兩個人都承認是抄字典的，老師就說字典的造句只可以參考，但不能全部照抄。」

寫作業的目的，是加強練習與驗收學習成果，鼓勵孩子靠自己認真寫，才可以真的把知識內化與吸收。

二、孩子的作業有錯誤，用引導的方式讓他自己發現。

發現孩子的作業有錯誤，不要急著當橡皮擦父母直接擦掉，要引導孩子自己發現錯誤，這樣他才會記得曾犯的錯，學到正確的知識。

比方說，如果是數學，要孩子仔細看看題目究竟問的是什麼；其他科目，則可以讓孩子將題目唸出來，在「看」與「唸」中，五官和大腦並用，就能進一步理解與思考。

有一次竑勳在閱讀學習單上寫著：「我覺得阿輝很可憐，他的父母常常在吵假！」我看見後問他：「你覺得阿輝的父母是在『吵誰可以放假』嗎？」他聽我這樣說後就看看他的學習單，笑著把「吵假」改成了正確的「吵架」。提醒孩子功課有錯誤，但不要直接告訴孩子答案，當孩子在找尋與思考中，這樣的學習比較正向與積極。

針對國字字跡美醜的要求，每個老師都不一樣，孩子手部肌肉的發育也差異很大，要看孩子是否認真、盡力。孩子寫作業的態度認真、嚴謹，但字跡不漂亮，就要多鼓勵他。如果孩子隨便寫一寫就想交差了事，就要要求他。當孩子的字真的很醜時也不要全頁擦掉，這會打擊孩子的自信心。先選幾個寫得比較漂亮的字當樣板，鼓勵他一個一個改成跟那個字一樣漂亮，要善用第四十一頁提到的「I+1鼓勵法」，讓孩子在原有的能力上再逐漸進步。

三、寫作業時要專心與仔細。

當孩子專注寫作業時，其實很快都可以完成。寫完後，要求孩子自己先看一遍，再請父母幫忙看。

專注與仔細，不但可以有效率地運用時間，也可以避免出錯，在事後還要花上更多的時間去除錯或彌補，所以從小就要讓孩子建立良好的習慣和態度，才可以收事半功倍之效。

四、父母的陪伴如果造成干擾就要離開。

有時在一旁陪孩子寫作業，孩子會一直分心想跟父母聊天，其實反而造成對彼此的干擾。特別是親子關係良好互動的情況下，孩子總是有很多話想跟父母說，這時要鼓勵孩子盡快認真地把作業寫完，大家就可以一起進行別的事。

讓孩子知道，遇上作業有問題時，可以找父母討論，但是不要利用寫作業的時間跟父母聊天，那會讓寫作業的時間延長。一次專心做一件事，可以訓練孩子專注與負責。

五、鼓勵孩子在認眞寫完作業後，就可以自由運用時間。

當孩子把作業寫完，剩下的時間，要讓孩子可以自由運用，不管是玩遊戲、看書、運動，或是說話聊天都可以。不要再讓孩子寫其他的參考書或評量。過多的書寫練習，只會讓孩子對學習退避三舍，產生排斥，只想敷衍交差。

要讓孩子知道，在完成家庭作業後，剩下的時間，就可以做自己想做的事情。有自己可以運用的時間，孩子才會珍惜時間，提升寫作業的效率。不要把孩子的學習排滿，要讓他們有餘裕去思考、做主動的聯想，他才會活用所學知識。

我在學校代課時，若有剩餘時間讓孩子們寫作業，大概都會出現兩種情形，一種是如果寫完作業就可自由運用時間的孩子，都會趕快認真寫；另一種是根本就不想寫作業，而選擇看書、畫畫，甚至發呆的孩子。他們說：「老師，我作業如果寫完了，在安親班就還要再寫考卷，所以作業要留在安親班寫，這樣才不用一直做功課。」可見孩子真的不喜歡一再重複地書寫與練習。

六、高年級以後，可以不用檢查孩子的作業。

每個孩子的個性不同，父母可以依照孩子的需求，決定該何時停止幫孩子檢查作業。當然，這也跟老師的要求有關，有些老師希望家長能配合檢查作業；有些老師則希望家長只要確認孩子有寫作業就好，而不用糾錯。這需要親師之間彼此協調溝通，達成共識。

是否要看孩子的作業內容，我認為可以漸進式慢慢放手。**當孩子到高年級時，可以告訴他們，不會再仔細幫他檢查作業，要他自己完全負責。最遲到國中時，就不需要再幫孩子檢查作業**，因為父母一再介入會造成兩種狀況，不是讓孩子過度依賴，就是造成親子關係過度緊張，對親子雙方都不好。

兩個兒子在高年級後，我就漸漸不再幫他們看作業，但如果他們有問題問我，我還是會協助他們一起推敲與解答。

能活用的知識，才具有力量

在小學階段，要多讓孩子玩遊戲、運動，天天練習陳述在學校發生的事情，學會說、學會思考與表達，以及學會有效率地運用時間。讓孩子在快樂中學習，也在學習中快樂地成長。

未來的升學管道多元，強調孩子要培養各方面的素養。素養，是一種知識、態度和技能的加總新學習，也就是說，孩子要有能夠靈活運用知識的能力，讓這種能力可以表現在自我學習、解決問題和適應未來社會上，隨時可以產生應變的機智。

不要再給孩子過多的填鴨式教育，而要多引領他思考與提問，孩子的腦筋才可以在活化中不停更新與進步，讓知識連結與活用。

孩子考不好，其實比你更難受

「錯一分打一下」是落伍的教養，沒有人可以永遠考一百分。
當孩子出現考試失誤，請陪著孩子檢視學習方式與時間配置，
協助孩子修正錯誤或填補還不懂得的學習小洞。
接住孩子的挫折，挫折才會變成生命的禮物。

每次考試帶給孩子們的經驗，到底是鼓勵與肯定比較多，還是打擊與挫折比較多，當然取決於親子之間面對考試的態度，以及孩子考試出來的成績。

當哥哥剛進小學時，成績一直名列前茅。兩年後弟弟也進入小學，跟哥哥一樣功課也很不錯。偶爾沒有考進前三名，我並不會責備他們，而是抱抱他們，鼓勵他們繼續

努力，把錯的、不會的題目弄清楚就好。考試是為了檢測自己到底會不會，只要有正確積極的學習態度，即使遇到錯誤，只要懂得改正就好。

兩個兒子都沒上安親班，也沒買過參考書，但是會閱讀大量的課外讀物。我十分贊同洪蘭教授說的：「知識不分課內、課外，它是相通的、彼此關聯的，只要是好書，將來全都派得上用場。」兩個兒子國小都是學校的運動校隊，在身心上一直均衡而協調的發展，也一直快樂地進行各方面的學習與探索。

哥哥剛上國中時，一開始還是跟小學一樣，多半在學校就把作業寫完了，在家並不太複習功課。結果第一次月考，讀小五的弟弟考第二名，讀國一的哥哥則退步到第十名，把他自己嚇了一大跳，從此不敢掉以輕心，在家開始會複習功課了。

後來閒聊時，我跟哥哥說：「讀國中跟小學不一樣，這是一個高度競爭的學習環境，還會影響未來升學的選擇權，所以不是你自認為會了就可以掉以輕心的事，而是需要更多的練習來達到精熟。」

第二次月考後回到家，哥哥說：「媽媽，如果不算數學成績，我全部平均是九十五分。」

我拍手稱讚道：「那很棒啊！表示你慢慢適應了國中的學習方式。」

哥哥又說：「可是如果算上數學成績，我的平均分數是九十分。」

我抱住他安慰：「沒關係，媽媽知道你比我還沮喪。但是，數學發生了什麼事？原本你不是說應該可以考九十三分的，這樣算起來數學考很低分耶！」

哥哥說：「我考數學的時候，太緊張也太粗心，錯的亂七八糟，平常小考我都考得很好的，這次的成績把數學老師也嚇一跳。」

祐亨的數學邏輯推理能力沒問題，但是缺乏實際解題的經驗與計算練習。他複習數學時習慣用「看」的，在小學高年級後更懶得計算，常常用計算機來加減乘除。在看題目要思考很久，才能想出解題方法，但計算時又不夠仔細，這一來二去的失誤，讓他那次數學月考，只得了比及格多一點的分數，跟上次月考相比，數學就退步二十分，這個刺激確實夠大。他說：「媽媽，以後我在家要練習做數學了。」

人生，其實充滿了挫折。但是在年紀愈小遇到挫折，就愈容易修復。在孩子失敗時，千萬不要再落井下石，也不要嘲笑、諷刺、打擊他。這時的他正處於受傷的狀態，他需要的是溫暖的關懷與愛，包容他的失敗與錯誤，並且指引他走向成功的方法。如果因為他的挫折與失敗而否定他，他可能也會因此否定自己。當父母用愛去療癒孩子的挫折與失敗，他才可能愈挫愈勇，愈成長愈堅強。

父母要能坦然接受孩子的學習成績有起有落，特別是從國小剛進入國中時，很多學習內容對孩子來說變得抽象、複雜，這時可以協助孩子把抽象的東西畫出來。像是數學的象限和計算面積等複雜的問題，就可以拆解成各個小部分來理解。

教養孩子，不是短視地只看一時的勝敗與否。孩子學習的路很長，在十二年的國教之中，有無數的考試與嘗試，父母正向的關懷與肯定，會讓孩子有勇氣去接受所有的挑戰。

從錯誤中學習，比從沒失敗更重要

當孩子面對失敗，其實他比我們更難受，更需要幫助。為人父母的我們，要接住孩子的挫折。

不要讓考試成績成了親子之情的地雷，差一分打一下會打出親子的千里鴻溝，是教養的錯誤投資。

讀書增進智慧與培養解決問題的能力，是孩子在成長中最重要的課題，只要孩子彌補失誤，把不懂得的小洞弄懂，把卡住的關卡打開，就是對自己負責與增能。

國小生學習的熱情與能力，比斤斤計較分數更重要

不要讓孩子誤以為如果在學校的成績不好，
就代表自己不會讀書，缺乏學習能力。
父母不能用這麼粗糙的方式，去評鑑孩子還在發展的未來。
也不要把自己對未來的焦慮，加強成孩子必須提早長大的催熟劑。

現在的教育制度看似多元，但各位爸爸媽媽，你們覺得孩子是否比童年的自己，過得更快樂呢？

我在小學代課九年多，最大的感觸是現在的孩子不但不快樂，甚至從小學高年級開始，就有人放棄學習。

之所以放棄學習，不是因為他不想學習，而是因為覺得疲倦。過多又重複的練習，讓孩子們失去學習的熱情與動力。一旦學校的考試成績不好，他就認為自己不是讀書的料，而開始不喜歡讀書、放棄讀書。

學習，不是狹隘的學教科書上的知識就足夠；閱讀，也不該局限在讀教科書上的內容。

在小學階段，真的不要為了學科成績的分數，一直逼迫孩子寫評量或參考書，這樣的揠苗助長，不但對提升成績幫助不大，反而澆熄了學習的熱情與信心。你要幫助孩子的，是培養他學習的熱情和能力。在課業上，除了教科書的學習，孩子只要做適度的練習就好，鼓勵他們多閱讀優良讀物與適度運動，擴展眼界、心界、體力與耐力，可以培養孩子的抗壓性與恆毅力。

像是祐亨在小一時，我曾幫他買過兩本參考書，因為聽有些志工媽媽說，如果孩子沒有先寫過練習，就會抓不到應付考試的訣竅。只是祐亨對寫參考書根本毫無興趣，後來我就不再買了。但我們買了很多課外讀物，孩子們也有許多閒暇時間可以做自己喜歡做的事。

多給小學階段的孩子探索世界的空間和時間，過著有彈性的生活，才會讓孩子長成有彈性的人。每個孩子的個性都不同，每個家長在乎的事情也不一樣，分數對每個人的意義，自然也不只是分數，但希望不要讓考試考壞了孩子對學習的胃口，或是對學習產生厭煩、排斥、疲倦與逃避，那些考試成績，不會、也不應該影響孩子一輩子。

在既有教育的體系中，孩子十幾年下來，仍無可避免需要參加無數次大大小小的考試。我們可以帶領孩子，一起用下面這樣的心態，去面對每一次的考試：

一、拿到考卷先看是否印刷完整，然後寫好姓名等基本資料再作答。

二、不要急著寫答案，等題目全部看完、看懂再回答。

三、不會做的題目就先跳過，不要一直鑽進牛角尖裡。

四、字跡盡量寫工整，不要潦草到連自己也看不懂。

五、不求快，但要求寫對。正確比速度更重要。

六、抄寫答案時，務必細心核對，不要抄錯，以致於功虧一簣。

七、考完有時間時，要檢查考卷。不要自信滿滿，得意忘形。

八、碰到不會寫的題目，可以看看考題的內容有沒有線索可查，盡量作答不留白。

九、保持心平氣和的態度應試，保持冷靜，才可以讓思路清楚。

十、坦然面對與接受考試成績。

人生未來的試煉與考驗，比考試更形嚴峻與艱難，父母應該多鼓勵孩子，不要斤斤計較考卷上的分數，而是要保持積極與熱忱的學習態度，誠實與嚴謹的面對自己的學習狀況，靈活運用與連結自己所學的知識，以後可以靠著付出自己的能力而生活，這些都遠比追求滿分更重要。

真正的學習，是學會課本沒教的事

不要讓孩子在小學階段就對學習失去興趣。有些孩子讀書及閱讀的能力，開竅得比較慢，但並不表示他就不具備閱讀的興趣與能力。

要讓孩子對學習保有熱情與動力，應該讓他們讀大量的課外讀物，多運動，多接觸大自然，多跟人產生互動與連結。

小學的內容，只要懂了就好，不要為了進步一兩分，讓孩子拼命地寫、寫、寫。更不要便宜行事，以為教孩子，是學校、安親班和參考書的事。

孩子的成長，父母不可以缺席，更不可以讓度教養權，還怪孩子難教。

當受挫的孩子說他難過地想跳樓……

挫折與失敗，是走向成功前的敲門磚，
家長的鼓勵與陪伴，
能協助孩子認識自己面對挫敗的情緒，
在逆境中生出突破困境的勇氣與能力。

挫折，是上天送給我們考驗的禮物，從接到禮物時的驚訝失望、傷心難過後，是會變得一蹶不振，還是重新振作？你是協助孩子再站起來，還是冷嘲熱諷地再落井下石？這些不同的反應，都會對孩子的成長，產生天差地別的影響。

遇上順境，大家都過得如魚得水、春風得意。遇上逆境呢？心情難免受打擊。但是，對人生後續發展有關鍵性影響力的，往往是看你如何面對挫折。

有次，當時還就讀國一的祐亨剛放學回家，就馬上非常懊惱地跟我說：「媽媽，我數學沒有考好，可是題目我都會做，也看得懂。」

我安慰他：「沒關係，自己找出原因克服，繼續再努力就好。先吃點心吧！」先填飽孩子的肚皮，再溫潤孩子的心靈，孩子才會富足地成長。

當祐亨吃完點心，我跟他說了一個勵志的小故事，這是我們平常相處的方式，從別人的故事中汲取經驗，就像小時候父親也常常說故事鼓勵我們。在接住孩子數學考不好的挫折，加上聽了故事轉移他深陷沮喪的心情，我們才又回到他原先的失望和愧疚，做深入地討論。

這時的祐亨情緒稍微平復了些，他說：「今天知道數學考不好時，我覺得很難過！」

我同理地回道：「對啊！媽媽如果考試考不好的話，心情也會很難過。那你還想到什麼嗎？」

他好奇地說：「我今天難過地想跳樓呢！我還想，如果跳樓，會到哪一個世界啊？」

我微笑回說：「肯定不是這麼好的世界，而且如果沒到其他世界，一定也很慘！」

他也笑道：「對啊！痛都痛死了！」

我說：「遇到困難或挫折會想逃避很正常，這是本能的情緒反應。但除了急著渲洩的情緒之外，我們其實還有其他的能力，只要在察覺負面情緒後問問自己：現在雖然很難捱，但在承受這種痛苦的情緒之後，我們該怎麼做才能讓事情和心境好轉呢？這是現在很流行的逆境處理能力喔！你們現在的情緒反應比以前敏感，是因為受到青春期的影響，但這也是深度認識自己情緒起伏變化的好時機，要多感受與察覺，多跟媽媽分享。記得我們是一家人，家人就是要互相幫忙與支持！」

孩子遇上挫折甚至會想輕生，這其實是逃避的情緒性反應，只要平常多協助孩子認識自己的情緒，他就會發現「情緒只是一時的」。

特別是孩子進入青春期之後，情緒起伏更常常像是乘坐雲霄飛車。我都跟孩子說可以把情緒想成是紅綠燈，當憤怒痛苦等很強烈的情緒來時，就像是紅燈，這時可以先暫停一下，讓自己感受這麼強烈的情緒，或是去做一些讓自己可以轉移心情的事情。我以自己為例子，告訴孩子，當我情緒不好時，會利用散步、做家事等方式，讓情緒稍微平緩，這時就像是遇到黃燈，可以想一想下一步該怎麼做。等到想到解決方法，就能像綠燈亮了可以通行了。

我也會跟孩子分享自己遇上挫折與失敗的情緒反應和後續處理方式。我告訴他們，事情可以分成三大類。

一是老天爺的事，再多的擔心或抱怨也無法解決問題。像是老天不下雨缺水，大家也無計可施，只能從自己節約用水做起。孩子們跟我說：「媽媽，以前刷牙時我聽著水龍頭流水的聲音覺得好療癒，但現在缺水，我都會關著水刷牙。」

二是別人的事，我們雖然也管不著，但如果影響到其他人的權益，可能還是需要仗義執言。像是在防疫時期，發現有人不戴口罩出門，我們可以善意提醒他們要戴上口罩，保護自己也保護別人。

三是自己的事，要學會負責管好自己，尤其是EQ的控管。只是有時候情緒來得突然，還是要多練習自我察覺才可以不被干擾太久。從小我就讓孩子們感受到「我們是一家人」的向心力，所以他們從小就養成跟我分享和討論的習慣。像是在情緒起伏很大的青春期初期，祐亨曾告訴我：「只要找人聊一聊，我的心情就會變好。」這就是他的解憂祕笈。

這些年我陪著孩子享受成長的喜悅，但更重要的是接住他們每一次的挫折與憤怒，而不是只喜歡有好表現時的他們，同時也帶領他們去看同一件事情的其他面向。特別是當他們剛進入青春期的頭兩年，常常會莫名其妙地憤怒，我也協助他們找出自己的情緒地雷區，引導他們認識現階段很容易受荷爾蒙變動而被影響的自己。

在一天之中，因為各式各樣的情緒，都會影響到我們的思考、判斷、行為和生活的選擇，帶著孩子認識與了解情緒，他才有能力處理自己的情緒。另外還有一個逆商，就是面對逆境和挫折的耐受度及應變能力，當孩子擁有識別與轉換情緒的能力時，對於自己考不好等逆境挫折，就比較知道該如何應變。

當孩子遇到挫折時，給他梯子爬上來

憤怒、傷心、嫉妒、怨恨等這些不被大家喜歡的負面情緒，其實也可以帶來不同的學習，因為情緒有時也是種保護機制。例如：恐懼焦慮可以讓我們逃離危險，傷心遺憾可以讓我們學會珍惜；憤怒嫉妒也會激起我們想要努力的動力。

所有的情緒都沒有對錯，只是給人的感受不同。會覺得挫折往往是因為原有秩序被破壞，讓我們過於在乎失去和沒有得到的東西，但其實只要重建秩序感和心懷感恩，就可以從挫折中再站起來。

這些道理，也請用在幫助孩子受挫時。當他們感到沮喪、無助，請給他們梯子爬上來，而不要再落井下石造成更多傷害。

「分數不重要」不是孩子的免死金牌，孩子的成績也不是父母的教養業績

可以不要求孩子的考試分數，但不能不在乎孩子的學習態度，要他們認真面對每一次的考試，就像珍惜每一次的學習機會。粗心與敷衍會讓孩子愈學愈沒信心，積極與認真則會讓孩子愈來愈進步，陪著孩子奠定良好的學習習慣與方法，親情就不會被考試分數破壞。

在學校定期考試是為了檢核學生的學習成果，雖然無法絕對核實，卻是一個普遍被人接受的方法。

在代課時會有學生說：「我爸媽說考試的分數不重要。」而把這句話當成免死金牌，好像不但分數不重要，連帶也可以不用要求自己的學習態度。

我們希望孩子可以在快樂中學習，不要有過多的壓力，但是孩子必須有正確的學習態度與積極的上進心，才可以在學校的育成階段，養成以後足以適應社會與謀生的能力。

考試的分數雖然不能代表全部，但是父母要帶領孩子正確認知考試的效用與目的，讓孩子為自己的考試負責，在學校的他律中，養成自律的習性。

一、誠實面對學習成效，比分數更重要。

每次的考試都是學習成果的檢視機會，要讓孩子發現哪裡還沒有學會而進行補強，不是考過就算了。

考試當然不能完全評斷一個人的實力和能力，但是卻可以藉由考試看出對平常的學習有沒有努力與盡力。為自己負責，是孩子該有的學習態度。

有一次去小二代課時，我把上次小考的考卷發還給學生，並請同學在課堂上訂正後再帶回去讓家長簽名。

訂正結束後，有個男生拿著考卷說：「老師，A老師幫我改錯了，我這題沒寫錯！」

我看他考了九十八分，因為錯誤的那題被扣了兩分，但答案上有擦拭不乾淨的塗改痕跡。我回答他：「A老師應該不會改錯。那這題現在你懂了嗎？」

他說懂了，我點點頭，鼓勵他下次要更小心仔細一點。

為了希望那個小男生不要執著於被扣掉的那兩分，於是我跟全班同學說：「這次有好幾個同學考一百分，也有人因為粗心沒考到一百分，也有些同學考得不太好。但是考試的目的，是要看你們會不會了，而不是要考倒你們。考一百分要繼續努力，沒考一百分也不要氣餒，要更努力。有不懂的地方要問老師，知道嗎？」

這時，我看了剛才那個男同學，他臉上的表情從原先的不自在，變成了微笑，在接下來的課程中也積極參與。顯然他知道我明明識破他的「詭計」卻沒當場揭穿，心裡也充滿感激。

下課回家後我跟孩子們分享了這個故事，孩子們都說如果有橡皮擦擦過的塗改痕跡，老師也不會再給同學重新打分數，因為有同學很在意分數，會自己偷改過考卷後說是老師改錯了。

孩子面對考試的壓力不會比大人輕鬆，我們不該把計較分數的壓力，加諸在孩子身上。孩子考試的成績，也不是父母教養過程的業績。不要因為大人斤斤計較孩子考試失誤的一兩分，讓孩子厭惡考試，或是只為求高分而不惜作弊或死背答案，卻沒有真正的融會貫通。

像兒子們有時候雖然小考成績很高分，但他們會誠實告訴我：「媽媽，其實我有點心虛，考前根本沒準備，這次純粹是運氣好，還有上課有專心聽課。」遇到這樣的狀況，我會讚賞他們的坦承，也會提醒他們要確實把不懂的地方搞清楚。

孩子的學習成效其實他們自己心知肚明，父母要協助孩子誠實面對自己的學習態度和績效。

二、給自己一個努力的目標。

從小學階段就開始訂定努力的目標，到課業繁重的中學階段才會習慣成自然。

每次面對月考，父母可以跟孩子協商出一個努力進步的目標，比方說：月考總分進步五分、考進前三名、或是挑戰有幾科考滿分等，這個目標可以訂得比孩子的能力略高一點，符合I＋1理論，讓孩子只要透過平時鞭策自己認真上課，吸收與消化所學的知識，就能每天都進步一點點。

像平常要月考前，兒子們會訂定自己想要達到的目標，在月考後檢視是否有達成，然後把錯誤與不懂得的學習小洞補好。

祐亨在國中時期，為自己設定會考成績的目標是5A、10+，但他也不是每次都要求自己模擬考一定要拚到這樣的高標，而是在每一次的考試，都盡量讓自己進步些。有一次他終於考到10個+，但卻是4A、10個+，這又讓他學到教訓，因為在我們的考區是先比A，所以要兼顧每一科的時間配置與複習效率，不能有特別弱的科目。最後會考時，祐亨雖然因為數學多錯一題而變成5A、9個+，但他接受挫折，在高中繼續快樂又積極的學習，也為自己設定好下一個努力的目標。

當孩子以為考試成績不重要，而用漫不經心的態度去應付時，無法學會該有的知識。但當孩子過於斤斤計較考試的一兩分差距時，也會被考試的壓力壓到喘不過氣。只要他們能設定一個努力的目標，有明確的方向，勇敢而認真的前進，這樣做就對了。

比分數更重要的，是面對學習的態度

考試是人生學習路途中，會面對接連不斷的關卡，在過關的過程中，不要阻擋了孩子在學習時該有的動力與熱情。父母也不要太計較考卷上的分數，但一定要要求孩子學習的態度。孩子是否有學習的熱忱？是否弄懂了學習的內容？是否需要幫忙？是否具有運用所學知識的能力？

考試的成績只是一時，但是孩子面對考試的態度，卻可能延伸成一生面對學習的心態，讓孩子平常就養成積極、謹慎、認真、負責與用心的態度，面對每一天的學習。只要擁有良好與正確的學習態度，不管孩子要面對多少的考試，都可以從容應對。

孩子，我無法改變教育制度，但希望你能這樣生活

沒有一種教育制度可以適合所有人，
除了衝撞或是離開現有制度，我們還可以怎麼選擇呢？
父母傾聽孩子的心聲，並給予支持與陪伴，
是孩子能生出力量，並肯定與發展自己的定心錨。

跟孩子聊天，最能貼近孩子的內心。

有天晚上，剛念八年級的祐亨跟我說：「跟我們教室隔著走道的對面，有兩個九年級的班級。每次看見他們下課，就覺得他們好可憐！因為考試太多，每個人都考得面無表情了。真的有必要這樣考試嗎？」

青春真的有必要浪費在這樣反覆的考試上嗎？這是多少學子的吶喊！

沉默了片刻，我回答：「因為現在你們面對的教育制度，還是得透過考試的成績來做篩選。」

他說：「我看簡媜的《老師的十二樣見面禮》，還蠻羨慕美國的教育制度。」

我說：「對啊！他們比較鼓勵孩子，會挑孩子的優點強化。不像我們的教育，比較習慣挑孩子的缺點批評。只是每一種教育制度，都有各自的優缺點。」

他有點感慨地說：「不知道等我到九年級的時候，會不會也變成像他們那樣面無表情。」

祐亨是個成熟、善思考、也懂事的孩子。但是當他憂心自己將來也會成為無感的考試機器時，我的心情突然很重、很沉，也很想吶喊，是什麼讓青春正盛的孩子變得不會笑、變得面無表情，變得讓看見這種情況的學弟妹們，不敢期待自己長成他們應該有著神采飛揚的模樣？

沉思了一個晚上，親愛的孩子，媽媽想跟你說：我們目前都沒有辦法改變你現在所面對的升學考核，但我們可以給自己一些精神上的食糧，讓自己更有勇氣與能量，去面對該來的一切。

一、人生只是經歷，終將都會過去。

快樂、痛苦、成功、失敗，是我們常常要面對的，這些都是生活的一部分，所有的事件都會過去，過不去的往往是自己的情緒，你要學著讓它過去與放下，不要讓自己被情緒干擾太久。

高中時我的國文老師就說：「聯考很苦，但一咬牙，就過去了！」在苦澀中偶爾想想開心的事，會好過一些。

二、慎重面對每個選擇的機會。

考試與升學，交友與就業，這些都是選擇。每一個機會，都有一種可能，你要慎重面對每一次可以選擇的機會。

在機會來臨前，要先培植自己的能力和實力。多讀書、多運動，把身體和心靈都養得強壯與強韌，在選擇與放棄時，盡量讓自己做出明智的取捨。

三、樂於接受挑戰。

在成長的路上，要珍惜每個豐富自己的可能，多嘗試與多接受挑戰。人生沒有回頭路，時光不可逆，寧願現在揮汗努力，也不要日後流淚後悔。

四、交幾個談得來的好朋友。

要珍惜談得來、心意相通的朋友。朋友也許不會一輩子在一起，但要讓彼此在可以相處的日子裡，都留下溫暖而真誠的回憶。

五、常常問問自己究竟追尋什麼。

考試很多？煩惱很多？青春痘很多？這些都是生活的表象，要常常問問自己的內心，到底在追尋什麼，想要靠什麼餵養自己的生活和夢想。當你的動機夠強，宇宙都會釋放出幫助你的能量。

六、不要計較成敗得失，但要全力以赴。

青春最美好的，是有犯錯的時間和修補的機會。不要害怕犯錯與害怕失敗，也不要太計較得失，但一定要全力以赴。

七、家庭是你永遠的港灣。

家庭是你最溫暖的依靠。現在是父母給你的家，以後當你有自己的家庭，也要讓家庭有溫暖的愛在裡面流動，讓自己和家人的心靈，都有可以放心停泊的港灣。

八、照顧好自己。

家人、朋友，都不會永遠陪在你的身邊。我們不可能、也不可以總是依附著別人來過日子，只有你自己，可以對自己做到不離不棄。

永遠都不要背棄自己的初心，要保持善良與真誠。想讓生活更美好，就多對自己微微笑，告訴自己：「我可以的、我做得到。」

九、讓未來的你，感謝現在努力的自己。

時光不可逆。不要讓自己在過往的回顧中，留下太多的後悔和遺憾，要謹言慎行，善待每一場相遇。做了，就不要後悔，也不要做會讓自己後悔的事。

要讓以後的自己，感謝現在這麼努力的你，不要成為自己也不喜歡的人。

十、相信自己，無愧青春。

世界很大，天下事也無奇不有，你可以帶著好奇和疑惑，去叩問世界。要積極熱情地參與生活，但也要保持冷靜的思考與觀察，不要被似是而非的言論所混淆。要有判斷的智慧與理性，不要做盲從的跟隨者，要有自己的主見和想法。

親愛的孩子，生活不盡然都是美好，生命更是充斥著不美好，但我們要努力做到問心無愧，了無遺憾。我們無須追求完美的人生，但要努力完成每件該做好的事。

讓孩子只帶著你的愛，勇敢走自己的路

成長沒有回頭路，國中時期對孩子而言就是個人生的分歧點，他們努力想長大，卻又還不夠成熟，這段時間會有很多的衝撞與嘗試，考驗著父母的愛與耐心。

但父母的愛會是孩子人生路途上的行李，還是孩子急於想要甩開的包袱呢？這需要父母的智慧去分辨，孩子現階段需要的是什麼，需要的幫助又是什麼。

給孩子安定身心的力量，而不要變成擋在前面的阻礙，讓他們想要抗拒或逃避。你的信任就是對孩子最好的祝福。

PART III

剛剛好的愛與管教

習慣被拒絕的孩子，長大也會否定自己

孩子在成長的過程，難免會走上錯路、遠路、冤枉路，但這些判斷與決策的機會，是必要的練習與經驗。如果他們都在父母的「不要」中，失去了做決定的練習機會，日後可能就會用「任性的賭」來做選擇。

在教養孩子的過程中，有兩個成長階段常常會讓父母覺得很頭痛。第一個是兩三歲時俗稱的「terrible two」，孩子動不動就說「不要！不要！」第二個是青春期，孩子不僅會拒絕溝通，甚至會跟家人大吼對罵地表達他「故意為反對而反對」的堅定立場。

孩子不是自己長大，而是被跟他相處在一起的家人養大的，他的言行舉止最初都來自於模仿，模仿久了就內化成習慣，一旦養成習慣，想要修改當然就變得困難重重。我們為了保護孩子免於發生危險，或是為了避免麻煩，會很習慣拒絕還在探索與學習中的孩子所做的各種嘗試。常常被父母說：「不要！不行！不可以！」的孩子，一直處於被否定的環境，他不知道自己到底能做什麼，也就慢慢懷疑自己的能力，繼而會否定自己。

不要禁止孩子，而要讓孩子盡情去探索、盡量學會表達，學習做選擇。當父母習慣跟孩子說不要，孩子只學會被拒絕與去拒絕，卻不懂得如何思考與做選擇。

別人總說看我帶孩子都好優雅，其實是好燒腦。因為我每天都會跟孩子進行大量的對話，聽他們的想法、支持他們的行動。這麼做不但耗費腦力，有時還需要有強盛的心臟來面對孩子的挑戰。

有一天去學校代課，當時祐亨小六的班導師從教室跑出來問我說：「媽媽，祐亨說妳答應他可以跟同學規劃自己去日本自由行啊？」

我說：「對啊！我為什麼要反對？」

老師問：「但妳為什麼會同意呢？」

我說：「他連計劃都還沒有開始，我為什麼要急著反對他呢？」

老師恍然大悟似地笑著說：「媽媽，我懂了！」

當孩子的夢想還在萌芽階段，你是不是會因為過多的考慮與擔心，就急著打斷呢？我們在成長中所獲得的知識甚或偏見，會讓我們對外界產生很多防衛的機制與避險的選擇，但是這些經驗，卻不能直接給孩子複製貼上，孩子不是父母的複製或延伸，他們的人生需要自己去闖盪與累積經驗。

祐亨在兩、三歲的時候，不但很少跟我說不要，反而會給我很多建議。兩歲半的他說：「媽媽，要用看弟弟的眼睛看我」、「媽媽，我做錯的時候，要用罵的，不要用打的，因為罵不會痛，打會痛。」諸如此類的意見。他不但沒時間跟大人唱反調，反而是在觀察後急著學習與思考，要怎麼跟媽媽做清楚的思想表達。

弟弟竑勳在一歲九個月到兩歲三個月那半年的時間，還一周一次跟我到音樂教室旁聽哥哥祐亨上課。課程結束後有次遇到以前一起上課的家長說：「妳家弟弟真的好乖，好守規矩，當初上課的那半年都不吵不鬧。我有一次因為保母有事無法照顧妹妹，帶她一起去上課，不到十分鐘我們三個人就狼狽離開教室。」

那半年竑勳怎麼會那麼乖？因為我一直跟他說要觀察哥哥姐姐怎麼上課，要遵守教室的規則老師才會讓我們跟哥哥一起上課。他看懂也聽懂，所以做到了。孩子是透過觀察在學習，透過大人的引導與要求，做為自身行為的規範與思想的強化。

是因為我生到兩個天使寶貝嗎？當然不是，每一個孩子都是磨人精。只是我很少跟孩子說「不要」，因為我會帶著他們認識該認識的東西和狀況，而當他們有自己意見的時候，我會讓他們先清楚表達，再做我自己想法的陳述。

小時候為了讓他們認識火，我抱著他們去靠近瓦斯爐的爐火說：「這是火，燙燙！」也抱著他們把手放進冷凍庫說：「這是冰，冰冰！」當他們四處爬行探索時，我會跟在後面看他們有什麼發現與舉動。

當孩子在上幼兒園對衣著服飾有自己的意見和搭配時，我尊重他們的穿搭，因為身體是他們自己的，他們要學會自己照顧。小學好多年我們都不用買長袖上衣，因為冬天他們都說不冷，只穿一件短袖、再搭配運動外套，雖然我看了難受但還是得受，畢竟他們的確很少生病。

因為我很少否決孩子的建議或想法，他們才沒有模仿出習慣唱反調的拗脾氣。他們在每次練習表達出自己的意見後還學著做選擇，所以思考力與判斷力都隨著經驗的累積而增加，也愈來愈有自信。

孩子是看著父母的言行舉止長大的。你總是跟孩子說「不要」，孩子就學會「不要！不要！不要！」，在習慣被拒絕中長大的孩子，也會拒絕別人與否定自己。父母要戒除否定句，多用肯定句引導孩子可以怎麼做，孩子才能在展現自己中學習與進步。

當孩子詢問你意見時，即便你不贊成，也不需要急著投出反對票，而是要耐住性子去引導，讓孩子自己去思考利弊，學習去做判斷。當孩子知道自己有話語權，有選擇權，且需要為自己的選擇負起責任時，他怎麼有時間去反對父母呢？他的腦筋與精力，都要用在判斷與選擇上，並且完成選擇後的執行工作。

竑勳小六暑假要跟同學去六福村玩時，他問我：「媽媽，妳覺得我要帶平板電腦去嗎？」

我反問他：「你去六福村是要去玩的，你要背著平板一路擔心嗎？」平板電腦是他自己存錢買的，我把問題丟回給他自己去做判斷和選擇。

之後回家他說：「媽媽，好險我沒有帶平板電腦去，在玩遊樂器材時我都不用擔心包包會被撞到。」

孩子的分享，顯示他得到一個完整學習判斷與做出選擇，並且會回頭省思與歸納的經驗。

下次當孩子的想法又快讓你抓狂時，先暫停急著要說出口的拒絕或禁止，你可以讓孩子先說完他的想法，再引導孩子去看他未設想到的面向，也許他自己就會發現障礙或缺漏，而知道要重新作思考與規劃。

用肯定句代替否定句

「不要」，是直接否決孩子，代表你不信任他的能力和判斷，這種斷然拒絕的方式，不但內耗親子的能量，還可能讓孩子選擇說謊。但當你先接受他的想法，再循循引導他看見問題與做出選擇，卻是在幫助孩子學會分析與判斷。

當孩子又突發奇想時，不要想著他在找麻煩，可以轉念認為他是在考驗你的耐心與智慧，這樣不是既有趣味又富挑戰嗎？

教養孩子，真的是父母智慧大進擊的最佳良機。多鼓勵孩子表達心中的想法，他的內在會愈梳理愈明亮，繼而能照亮自己的人生。

孩子的頂嘴，是成長的開始

頂嘴不是孩子要唱反調，而是他們說的話出乎你的預料，當個懂得傾聽的父母，孩子才能表達出真實的自我。培養孩子良好的說話能力，你的教養也會愈來愈省力。接受孩子跟你不一樣，親子才不會相愛卻相害。

很多大人希望小孩「有耳無嘴」，做一個聽話的乖小孩就好。這樣做，大人真的就能高枕無憂了嗎？

初為人母，我竭盡所能地教育老大祐亨，他提出的任何問題，我都會鉅細靡遺地講解，直到他完全聽明白。他很快就學會說話，很會說話，也很愛說話。

在祐亨兩歲半的時候，有一次他跟我說：「媽媽，我做錯事要處罰時，要用罵的，不要用打的。因為罵不會痛，打，會痛。」至此之後，除了玩鬧，我不曾再打罵過孩子，因為他已經懂得表達自己的想法，而我們也可以用「好好說話」來進行了解與溝通。

只是，教養孩子不是說說就好，如果這麼簡單，坊間也不會有這麼多教養書籍，現代用心的父母，也不會普遍存在著「教養焦慮症候群」。

當孩子愈長愈大，自己的意見就開始愈來愈多，他們會先從吃東西、穿衣服等生活小事開始抗議，表達自己的主張。這時候，你是會任由他們自己決定，還是強烈地干涉，非得爭個魚死網破，讓親子都兩敗俱傷呢？

傾聽，真的很重要。當發生問題時，不要先急著想處理，先聽聽看孩子們怎麼說。當孩子們發現自己有話語權，就會認真思考與表達自己真實的想法，這時父母只要引導孩子學習如何去做選擇。

祐亨大概在幼兒園大班時，有次他在感冒時跟我說：「媽媽，我不想吃藥粉，我要吞藥丸。」

我回答他：「好！我們等下問問看醫生可不可以吞藥丸。」

後來醫生真的開藥丸給他吃，後來他又想吃藥粉，醫生也配合磨粉，最後醫生直接在病歷上註記開藥前要先問他是要吃藥丸還是藥粉。在這樣的歷程中，孩子學習到要清楚表達出自己的想法與需求，也知道他的身體可以自己作主，也要好好照顧。

除了對自己身體的自主要求，孩子們對於複習課業和寫作業的方式也是自己作主，因為學校的成績是他們的學習成果，在孩子念中年級之後，我只叮嚀他們需要幫忙時要提出來。孩子愈大愈會有自己的個性和想法，我們以為他們在頂嘴，其實只是他們的反應不符合我們的預期，只要風險不大，家長讓孩子自己去試試又何妨？

有一次祐亨把耳機拿去送修，晚上八點多看到店家傳來簡訊說修好送到門市了，我要他打電話先去確認，他卻說商店會營業到十點，就急忙換衣服去搭火車到新竹去拿耳機。九點多只見他空手而回，因為防疫期間，店家提前到八點就結束營業。我沒有責怪他不聽勸，也沒有嘲笑他白跑一趟，他卻主動告訴我：「媽媽，下次我會先打電話確認一下營業時間。」大人說破嘴，都不一定比孩子試過一次卻吃虧而有效。

當你的孩子開始會犯錯、會頂嘴，那是孩子的學習領域在拓寬與加深，請用更多的耐心去引導他們，建構他們自己的思考邏輯與表達能力，讓家人可以透過好好說話，達到理性的互動與溝通。

父母也要學著適度「閉嘴」

當孩子發生問題時，父母不要急著想處理，可以先聽聽看孩子們怎麼說。當孩子可以妥善表達出意見和想法時，才會努力去探究自己的內心世界，透過了解自己而建立自信，長成他自己，也會比較少發生親子的誤解與衝突。

父母不可能保護和養育孩子一輩子，他們要有能力去適應這個社會，去解決面對的問題，這要透過思考、判斷、溝通與選擇。因此，讓孩子學習可以把自己的意見做清楚有效地表達，是件很重要的事。

蹲下來，用孩子的高度看世界

大人蹲下來，站在孩子的高度對話，才能看清楚他眼中的世界，不至於掉入年齡的傲慢。學習用孩子的能力看表現，才不會因爲錯誤的期待，造成親子之間的嫌隙與裂縫。

因為我個子高，在孩子們小時侯，就習慣蹲下來跟他們對話。起初，對於這樣的溝通方式也不覺得特別，直到孩子們在打擊樂的課堂分享上，才讓我確切感受到大人蹲下來的意義與震撼。

孩子們在三、四歲時開始學習打擊樂。在幼兒班第一次學完一期十一堂課時，有一個班級的學習成果發表，邀請小小學員的家長前來參觀。四、五歲的孩子們，兩兩成雙，用他們的小手，手牽手搭成一個小山洞。家長們要紛紛蹲下來，才能走過那個小巧又可愛的小手山洞。

表演結束，老師詢問大家有沒有什麼感覺要分享，我舉手說：「剛才走過孩子們用小手搭建的小山洞，讓我覺得很震撼。原來，從孩子們的高度所看到的世界是那種感覺。」

老師很高興地回應說：「沒錯！讓孩子們用小手搭小山洞，就是要讓家長蹲下來，用他們的高度看世界。孩子剛學打擊樂，難免會犯錯或敲不好，也難免會偷懶不想練習，所以大人要多一些鼓勵、耐心與陪伴。」

在孩子一切都尚待學習的世界裡，他的能力與高度跟大人都還有著很遙遠的距離。即便他踮腳，或是站在巨人的肩膀上，他看到的，也不是他能力所及或能理解的，大人要耐著性子等待。成長，永遠不會是在一夕之間發生突飛猛進的夢幻時刻。

孩子們學習打擊樂時第一次的成果呈獻，我已經不記得他們表演什麼，但我一直忘不了走過那個孩子們以小手搭建的山洞時，用他們的高度所看到的視野。

要用孩子們的高度看世界；用孩子們的能力看表現。

剛出生的嬰兒，只會吸奶、排洩和睡覺，他的世界除了聲響之外，幾乎是平面的，所以要常常跟嬰兒說話，這時他的視力還很差，但是聽覺是在胎兒時期就已發育完成。父母要試著把孩子的心情轉化成言語，對著孩子說話，這樣，孩子慢慢就會學著如何將自己的心情用言語表達出來。當孩子可以用語言好好表達自己，就可以跟家人進行雙向的溝通。

在幼兒時期，除了保持跟孩子進行大量的說話，還要開始引導孩子說話。此外，千萬不要輕易就打斷孩子的話，也不要隨便就接孩子的話說，要讓孩子把想說的話說完，他才可以累積表達自己的經驗。

如果當孩子說完他要說的話而你聽不懂時，可以問他，讓他再說說看，或是就你瞭解的部分複述一次，然後問他的意思是不是這樣。藉由一邊幫他釐清想法，一邊再核對他想進行的分享和看法，讓孩子知道，大人尊重他，可以安心並清楚地說出自己的意見和想法。

我對於兩個兒子，也一直都是用這種先尊重他們把話說完，再進行核對和分析的方式，跟他們進行對話。因為他們常常跟大人對話，所以口條和思路都很清楚分明，也比較不會害怕跟老師或是其他大人說話。

偶爾，孩子們跟我分享他們的看法時，我也會用自己的經驗值去分析，果斷地就說不可能。這時，弟弟會提醒我說：「媽媽，我剛才是說『如果』……」

剎時，我恍然大悟。是啊！這世上就因為有這麼多的假設與如果，人類的能力與才智才會一直突破極限，締造佳績。我怎麼可以這麼不禮貌地就用自己有限的經驗與知識，去阻礙孩子剛冒出來的「如果」嫩芽？於是，我馬上跟弟弟道歉，謝謝他適時糾正我的傲慢與偏見。

類似的狀況，如果發生在哥哥身上時，他可是會以理性又冷靜的口吻說：「媽媽，這世上沒有不可能的事，我現在只是在跟妳分享與分析喔！」

果然，每一個孩子都是獨一無二的，他們的想法和表達能力，也自成特色。父母要懂得覺醒與放手，孩子才可以表現出真實的自我，在家庭的規矩與學校和社會的規範之下，透過他律漸漸內化成自律。

每個階段的孩子，都有不同的成長需求與陪伴方式，盡量把自己的心態，調整成與他們年紀相仿的心境，其實也挺有趣又好玩。有時，還要故意裝傻，比孩子們還幼稚、還耍賴，讓他們反過來照顧這個「媽媽小孩」，因為媽媽累了，偶爾也想當個孩子，讓人疼惜、讓人包容。

親子溝通，從「同理」開始

當孩子愈養愈大，他們的反饋就會愈多。我總告訴自己，要更耐住性子，等他們說、等他們懂、等他們去做。

站在孩子們的高度看世界，用孩子們的能力看表現，才不會因爲本位主義過重，掉入年齡的傲慢，而忽視他們的努力或是進步，誤解他們不夠努力或是偷懶。

孩子其實比我們更在乎自身的成長與進步，大人要多用賞識與肯定的目光給予支持。

大人的無心之言，可能成爲孩子一輩子的陰影

孩子的世界，是由他接觸的一切來建構的。
大人不要信口開河，隨便答應孩子事情，那會傷害孩子對人的信任。
更不能跟孩子亂開玩笑，因為他們往往會信以為真。
大人的謹言慎行，是對孩子的善良與示範。

「媽媽生了弟弟，就不喜歡你了！」

這樣驚悚的台詞，如果你沒有親耳聽過，大概也在電視的對白中看過。不管是第三者有口無心的一句玩笑話，還是處心積慮地進行挑撥離間，這樣的話，孩子可是會當真的。

拜託，不要隨便跟小小孩開玩笑，也不要輕易對他們許下承諾。他們相信大人說出的任何一句話，你的無心，或是有意，都會對小小孩造成巨大的影響。請善待孩子。

這樣的案例，其實不勝枚舉，很多媽媽也都有類似的困擾。第三者的好事與多嘴，常常造成親子間名其妙的情感隔閡與關係緊張。特別是家有新生兒時，媽媽要照顧一個什麼都還不會的嬰兒，已經手忙腳亂地不可開交。在這樣的忙亂與紛擾中，偏偏旁人還要補上一刀，告訴排行在前面的哥哥或是姐姐，媽媽因為生了弟弟或是妹妹，就沒有時間照顧你，你要自己照顧自己。更嚴重的，還會說媽媽不愛你了，這讓哥哥姐姐情何以堪？千萬不要說這麼不道德的玩笑話。

手足之間有紛爭、有嫌隙，往往只因為第三者無心或有意的話語可以造成。外人喜歡說，爸爸比較疼A，媽媽比較愛B，而那個在別人口中不被疼愛的人的心裡，自然會升起埋怨或是委屈。

孩子的心既單純又敏感，他們需要父母完整的愛。有手足一起成長，原本是幸福又有趣的事，可是如果總有外人強調父母比較疼誰，那會造成無形的壓力與傷害，甚至

形成手足之間的排斥與仇視。

每個人都希望被公平對待，但是「公平」真的很難界定。如果給予物質上的公平，其實是種冒險的行為，因為那會讓孩子以為，什麼都要擁有完全一模一樣的，才是公平。但是，每個人喜歡的東西明明就不一樣啊！**我們只能給孩子公平而需要的愛，讓孩子在精神上享受公平的對待。在物質上，如果家人學會共用和分享，也可以更加連結彼此的情感。**

有一次我們在外面吃披薩、炸雞，祐亨突然說：「媽媽，我發現妳都不吃披薩皮耶！」我說：「對啊！因為爸爸喜歡吃澱粉，會幫我吃披薩皮。像你們炸雞都吃不乾淨，我也會幫你們吃乾淨。」教養，其實就是像這樣，透過家人之間的相處，傳遞著彼此的生活習慣和說話方式，日積月累，孩子就變成跟父母相似卻又不一樣的人。

孩子們的感受心很強，很多事，不用說他自己心裡也明白。在念研究所時，同寢室的學姐，拿給我看一張古老的黑白相片。那相片中有一個阿嬤和一個小女孩，分別坐在相片中的兩端，距離很遠。那學姐說：「這是我跟我外婆，妳不要看我那時才兩三歲，我知道外婆很兇，不喜歡我，我也不喜歡她，連拍照都坐得遠遠的。」

人與人之間的情感交流，微妙的像是不易參透的哲理。有時候即便沒有開口說話，肢體語言也可能透露出心中的想法。我們不但要管好自己的嘴巴，也要克制住自己，不要隨便逗弄別人的孩子，大人更不可以恐嚇孩子說：「如果你不聽話，我就不要你了，要把你送給別人！」孩子需要有良好又安全的依附關係，才可能安心地學習與成長。

言語暴力，讓孩子留下看不見的傷口

記得祐亨在小一時，有個班上的男同學說要到我們家當小孩，只因為他媽媽跟他說，你喜歡誰家就去當誰家的小孩。我告訴他：「你媽媽是跟你開玩笑的！」聽說他下學期要轉學，我跟祐亨還一起做了一張卡片祝福他。

我們不能笑孩子傻、笑孩子笨，別人隨便亂說的話也能相信？因為我們是已經社會化的大人，而孩子正在進行他的社會化。我們小時候，不是也什麼都相信嗎？

對孩子，要善良一點。讓孩子喜歡你的溫暖與善意，而不是會帶給他傷害的、欺騙的、惡意的玩笑話或捉弄。童年的所有經驗，都會在大腦裡留下痕跡。

教養，是在背後支持的力量，不是由前面控制的行爲

現在世界變化如此快速，你真的可以幫孩子規畫好未來嗎？
孩子從數位媒體中學習到的內容，可能超乎你的想像。
放下你想要看到孩子未來發展的急切，
成為支持孩子的力量，協助他開啟內建的衛星定位導航。

現在的父母，普遍受過良好的教育，也有比較好的經濟條件，但是現在的孩子，卻沒有我們以前過得快樂。孩子充滿了疲倦，放棄學習，憂鬱、自殘，甚至自殺。明明時代在進步，為什麼親子關係反而像是在退步呢？

檢查出懷老大時，因為剛動完左膝手術，接著就做了長達三個多月的復健，等重回

職場，又因為工作太累，宮縮頻繁而請假安胎。那時媽媽跟我說：「妳的孩子不希望妳上班，他要妳好好休息，陪他長大。」

我當初以為媽媽在開玩笑，但現在回想起來，好像真有幾分道理。即便是胎兒，在母體裡還不會說話，但還是有自己的個性。當妳懷過不只一個孩子的時候，更能體會這件事。胎兒可以改變孕婦的口味和習性，連還在肚子裡孩子都想做自己，他誕生後會想被控制嗎？

孩子，是跟我們完全不同的一個人，但因為我們比較年長，比較有經驗，不希望孩子吃苦、受累，甘願站在孩子的前面，為他阻擋一切的烈焰風霜，只希望他走上人生的坦途，可以平步青雲，快樂又安穩地過上一生。但這到底是你的人生，還是孩子的人生？

教養，是在後面支持的力量，而不是在前面控制一切。父母要努力觀察孩子成長與學習的節奏，多一點耐心與等待，配合支持與鼓勵，讓孩子依著自己的節奏成長。

做父母的，要放下過度關愛與焦慮的心情，其實也沒有那麼容易，我們總是擔心自己做的不夠，怕耽誤了孩子的前程，但往往是做了太多，造成揠苗助長，甚至讓孩子還來不急長大，就因為不被接受或不被了解，或是壓力太大，選擇了輕生。所以我們要常常提醒自己：

一、孩子的成長有階段性。

孩子不是憑空長大的，你怎麼養他就怎麼長。父母需要滿足孩子階段性的需求，因為教養很累、很辛苦，所以要分成一階段一階段地完成。

〇至三歲的嬰幼兒最需要的是安全依附關係，不管是自己帶還是給保母帶，只要提供給孩子身心安全的依附和生活好習慣，這樣在安定又安全環境中成長的孩子，就有能力持續發展好奇與探索外界的心。

三到六歲的孩子需要學習妥善地處理自我表達與人際關係。這個階段的孩子往往進入幼兒園，要跟陌生人互動，是很大的考驗與挑戰。父母不需要急著看到學習成效，而是要多引導孩子說出心中的想法，以及多傾聽他如何跟老師和同學相處。

六到十二歲的孩子需要建立良好的學習習慣和態度，孩子的成績起落都是一時的，重要的是要保持積極與熱忱的學習態度，才能讓學習成效既深又廣。

十二到十八歲的孩子需要探索志趣和了解自己，這個階段的孩子身心靈都處於巨大的變動中，給他時間和空間來認識自己很重要。放手不是放生，父母的關愛需要彈性。

二、尊重孩子的個別性。

給孩子明確的規矩依循，父母也做好榜樣，讓孩子學著尊重與自重。不要替孩子做太多，他不是只要會讀書就好，孩子更該學會獨立生活和解決問題的能力。

每個孩子都有不同的個性，有人活潑、有人文靜。不要過度要求孩子違背自己的本性，而是要發掘出孩子的特性，讓他做自己擅長又喜歡做的事。畢竟，不管如何要求，你都無法讓鳥學會游泳；不管如何努力，離開水的魚兒還是學不會飛翔。

三、引導孩子選擇與做決定。

跟孩子好好溝通，分析與解說，給他選擇的機會，但不要幫他做決定。孩子要具備判斷事情的能力，就是從小自每一次的選擇機會所練習出來的。讓孩子學習在自己的選擇中，接受失敗或成功的結果而負起責任。

現在孩子的青春期普遍比我們提早兩年，但因為父母的過度保護，成熟期卻又比我們延緩幾年，這對家庭與國家都不是好事。要及早教會孩子為自己的人生學會做選擇，這樣他們才能扛住自己生命的責任。

四、幫孩子把所學的知識變成實用的能力。

注意孩子在學校的學習狀況與態度，但不要斤斤計較孩子的考試成績。讓孩子覺得學習是件快樂而有成就的事，要多看表現好的地方，如果表現不好的地方，就找出適合他的方法加強，千萬不要羞辱孩子。

108新課綱強調的素養教學，其實是打破過往單科的壁壘，希望孩子可以靈活整合與運用所學的知識，讓知識是帶得走的能力而不是只能放在腦中的死知識。父母也可以多跟孩子聊聊在學校的狀況，藉由這樣的分享與回顧，孩子可以把在學校學習的東西跟生活產生連結，變成日常可以運用的能力。

孩子的未來是要靠他的強項在社會上工作，家長要把目光放在讚賞孩子的強項上。

五、培養孩子的自信心和榮譽心。

現在資訊很容易取得，如果孩子的自信心不足，榮譽心不夠，很容易就會淪為只想追求物質生活的享受，如此反而容易變成被利用的對象，就像詐騙集團的車手，很多都是未成年的迷途孩子。

培養孩子的自信心與榮譽心，孩子才有能力辨別事情的是非對錯，不會為了爭名逐利而無所不用其極，並擁有不被擊倒或迷惑的強大信念。

六、用運動和閱讀的習慣，打開孩子的眼界和心界。

運動可以增強體能，閱讀可以增進智慧。孩子在動態運動與靜態閱讀的不同面向中，可以同時鍛鍊身體與心靈的強度，繼而增強耐挫力。

父母可以多陪孩子運動，甚至鼓勵孩子進入校隊訓練。我家兩個兒子在小學都是羽球校隊，國中時祐亨加入卡巴迪校隊，到了高中又進入羽球校隊。我深刻體會到，運動不但可以強體健身，還訓練孩子養成合群、守紀律、重榮譽的習慣，也提升了他們的抗壓性。

七、讓孩子珍惜時間。

帶領孩子做時間管理，但不要把孩子的時間表填滿，讓他有留白的餘裕。讓孩子知道時間有限，要先把該做的事做完，才可以做其他的事。

學會時間管理的孩子，通常在其他方面也會表現良好，兼有自律的能力。

八、關心孩子的交友狀況。

孩子進入學校後，就開始融入群體生活，他們跟同學或是朋友相處的時間，甚至比父母還多，因此要多關心孩子交朋友的狀況。

青少年誤交損友，變成詐騙集團的車手或是不慎染毒，不一定是在高風險家庭中的孩子，有些父母甚至具有高社經背景，只是因為忙碌於工作而疏於關心孩子。孩子的成長稍一不慎，就可能產生偏差，造成終身的遺憾。

兒子們要好的同學我大多認識，他們也會來家裡玩。平常親子間聊天時，也會聊聊孩子跟同學們之間的相處方式，這樣才能交流親子分開時的各自收穫。

九、教孩子懂得惜福和感恩，並學著付出。

讓孩子對生活有感，關心家人與外界的人事物，而不是活在無菌的溫室。多讓孩子了解社會發生的新聞和家族裡的事件，知道自己是整體的一份子，並且讓孩子學會付出。

懂得惜福和感恩的孩子，才不會一直處於匱乏之中；可以付出自己能力的孩子，才可以感受到付出的喜悅。

前幾年母親生病時，孩子們陪著我和先生進進出出醫院和護理之家，看到我為了他們的外婆的病牽腸掛肚，他們就學習著照顧好自己，慢慢變得可以相互幫助，甚至給我支持與打氣，成為溫暖的力量。

只要帶著孩子感受生活中的酸甜苦辣，孩子的學習能力很強，學愈多就愈能養成付出的習慣與自發性。

十、讓孩子保持好奇，才能樂在學習。

不要讓父母的焦慮，變成孩子的催熟劑。讓孩子踏實又充實的學習，而不是盲目又忙碌的塞填。孩子開始進行正式教育時，要讓孩子學懂、學會，也學出熱忱與興趣，而不是要學很多、學很滿，貪多就會嚼不爛。

每個孩子的體內，都有一個自動自發的開關，就像是內建的衛星定位導航。這個開關，需要父母協助他打開，只要讓孩子保持好奇與積極，發展自己有興趣與有能力進行的事，這個開關會一直處於開啟狀態。

孩子不是做不到，而是父母捨不得放手

竑勳曾在寒假期間，因為手指意外受傷而動手術復位，在開學仍要持續復健。一開始，在放學後我先帶他去做了幾次復健，之後便鼓勵他可以自己去。於是，他找了同學陪他一起前往，也很開心地跟我分享復健的過程。

父母的責任，是要訓練孩子嘗試的勇氣和持續的恆毅力。也許孩子有時候會害怕、會偷懶、會沒有勇氣嘗試，但只要多鼓勵、多肯定，孩子相信父母的力量會接住他，他就可以靠著父母穩定的支持力量，勇敢踏出舒適圈。

放手，孩子才會長出力量

每一天的教養，都是為孩子獨立的那天做準備，在孩子成長的路上，有許多艱辛挑戰，我們一定會心疼不捨，但千萬不要過度干預孩子，他的生命要讓他自己負責。唯有父母放開不捨的手，孩子才可以長出不再依賴的心。

在孩子開始上學以後，我才深刻地體會到，什麼是放手，又該在什麼樣的情況下放手。

祐亨在滿四歲後，進入幼兒園學習。因為進入蒙特梭利體系的幼兒園，他每天就是在學校快樂的學習工作和遊戲，沒有任何的回家作業，所以也不用帶書包。

他剛進入小學時，我跟路上陪孩子上學的家長一樣，會幫孩子拿沉重的書包，只希望他可以不用背得那麼累。有天放學去接他時，他說：「媽媽，老師說我已經長大了，不應該讓妳拿書包。」

我好奇地問：「老師怎麼會知道媽媽幫你拿書包？」

他說：「因為老師說她在路上看到的。」

從那一天起，我就沒再幫他拿過書包。兩年後弟弟讀小學，我也是採取同樣的做法。因為老師說得對，孩子已經長大，有能力負荷自己的書包，我要讓他學著承擔自己的責任，而不是因為心疼他的辛苦，反而阻礙了他的成長。

兒子們剛上小學時，我也曾幫忙送過他們忘記帶的東西，也曾陪著他們放學後回到學校去拿東西。後來，學校一直宣導，要讓孩子學會對自己的事負責，我就停止了這樣的幫忙。

過度代勞的父母並不是愛，而是妨礙。

竑勳念小四時，有天放學回家時說他們班的〇〇同學失蹤了。在學校四處都找不到人正準備要報警時，她媽媽打電話到學校說他回家了。原來他因為功課沒寫完，怕被老師處罰，在家附近晃了一下，最後決定還是回家。

孩子如果在學校被老師處罰，爸媽千萬不要在孩子回家後又再度責罰，這樣孩子的心靈會受到雙重打擊，而可能不敢跟父母說在學校發生的事。只要讓孩子把犯的錯改過，並記得下次不要再犯。

孩子在學習中長大，我們則是在學習如何當父母。他們學著對自己的行為、對自己的生命負責；大人也學著尊重孩子是個獨立的生命，引導與陪伴他，讓孩子學會對自己的一切負責，而不是處處插手與干預，甚至代勞他可以自己做的事。在教養孩子的過程中，要常常省思，什麼要做，什麼不要做。

我天天都會聽孩子分享學校的事，有時也互相討論。不管是讚揚，是處罰，是同學的相處，或是老師的上課，特別是有其他家長在群組上問起與質疑孩子在學校被處罰的事時，我都會跟孩子們會再深入聊聊。

老師的處罰，一定事出有因。所有的同學接受一樣的規則，交一樣的作業，大部分的學生和家長也都能接受這樣的規範與獎懲。群體的社會，要大家相安無事，又可以順利發展，一定有既定的運作模式。父母給孩子的愛需要量身訂做，但是不能要求老師也為每個孩子施以專屬的個別對待。

每一天的教養，都是爲孩子獨立的那一天做準備。父母不要因為過度的擔心與焦慮，幫孩子築起一道又一道的防火牆，搭建自以為「對孩子好」的溫室，讓孩子失去跟外界的探索與連結，這樣不是愛，是妨礙了孩子的成長，傷害了孩子的自主和自律的發展。

只有孩子成為了自己的主人，並且學會遵循一定的生活紀律，他才能真正管住自己。只有能夠真正自主與自律的孩子，才可以在自信的心中，長出承擔自己生命責任的肩膀。

不讓孩子吃苦，這世界會讓他更苦

有次，孩子們在與我分享學校發生的事情時，祐亨提到，他們班上有個家長因為過度保護小孩，總是常跟老師反映孩子在學校好像受到委屈。他說：「我覺得他有點可憐，他媽媽替他設想太多，關心過頭，會讓他長不大！」

的確如此。負責任，不是人與生俱來的能力，而要透過不斷地摸索與學習。這個過程，很多是辛苦與挫折。如果受不了在繭中孤寂的沉思與等待，耐不了破繭而出的擠壓與疼痛，孩子將永遠變不成可以展翅而飛的蝴蝶。

如果大人捨不得讓孩子承受第二次脫離子宮的孤絕與寂寞，無法學會自省與反思，那就不能怪孩子被養成是爸寶、媽寶了。

讓孩子的思念有所寄託，能化解上幼兒園的分離焦慮

上幼兒園往往是孩子長時間離開父母的第一個考驗，害怕孩子難分難解的分離焦慮，就讓他有能力幫助自己。讓孩子帶著會讓他安心的東西一起上學，他就會生出安定自己的力量。

多年前，當媽媽剛換到新的洗腎診所接受治療時，我們幾個兄弟姐妹商量好，每周負責輪值關照媽媽的人，在前幾次當班時也要一起跟著到診所，一方面瞭解新的地理位置與診療環境，另一方面也觀察媽媽洗腎的狀況及效用。媽媽一周要洗腎三次，其他的時間，就可以交由外傭幫忙。

那一天輪到我要回內壢帶媽媽去洗腎，竑勳正在放著小四的暑假，他很想跟我一起去看外婆，但是接媽媽去洗腎的專車只有兩個座位，我跟外傭一人坐一個位置後，就沒有多餘的空位。

我跟他說：「弟弟，車子只有兩個位置不夠坐，你在家等媽媽回來，媽媽回家會跟你分享外婆洗腎的狀況。」

弟弟說：「那我跟在車子後面跑好了！」

雖然知道他是在開玩笑，但聽到他這樣說，還是覺得有些心疼與不捨。現在我們這群中年世代面對的處境就是這樣，上有年邁的父母要顧，下有年幼的子女要養，既像是個夾心餅乾，也像是兩端都在擺盪的天秤，兩邊如果同時出狀況，甚至兩邊的時間有所衝突時，實在會讓人陷入痛苦的拉扯，很難做取捨。因為任何一邊都是至愛，都一樣重要，但也只能依著輕重緩急來做安排與處理。

看來，「平安健康就是福」這句話一點也沒錯。如果父母子女都平安健康，就是我們最大的福氣。

那時我跟弟弟說：「弟弟，媽媽知道你很關心外婆，你也真的很想跟媽媽一起去看外婆。媽媽要去一整天，你也可能會很想媽媽，那這樣好了，如果你想媽媽，就看看媽媽的相片，就像讀幼兒園時一樣，好不好？」我先同理他的情緒感受，也試著幫他找解法。

弟弟說：「可是越看媽媽的相片，我就會越想妳。」

孩子們在剛進入幼兒園時，我都讓他們帶著有全家福相片的鑰匙圈去上學，讓他們在想念家人時可以看一看，讓思念有個寄託的對象，看看全家福的鑰匙圈，就好像家人陪在他身邊，他就不會覺得那麼孤單與寂寞，可以有勇氣繼續在幼兒園裡玩樂與學習。

哥哥祐亨剛念幼兒園時，第一周只要讀半天，那個禮拜他每天都很開心，在放學的路上會滔滔不絕分享在學校發生的事情，更期待下星期能上全天課的日子。沒想到，午餐後要待在幼兒園睡午覺，才是挑戰的開始。祐亨不但不能安靜入睡，有時甚至會打擾到其他同學的午休。後來，我讓哥哥再上了一周半天的課，之後才讀全天課，不要求他一定要睡午覺，只要不打擾其他同學的休息就好。

在重新開始讀全天那周的第一天，哥哥一進校門看到老師就開始嚎啕大哭，老師抱著他，要我帶著同行的弟弟道別後趕快離去。

第二天要分別時，依然是哥哥大哭後被老師抱著的情景上演。但在第三天分離時，哥哥竟然不哭了！後來老師跟我說：「那一天，祐亨哭完後，在後面的遊戲區，看見妳們家社區的房子跟我說：『老師，那是我們家，你帶我爬牆回去。』我跟他說：『老師不能帶你爬牆回去，下午四點，媽媽就會來接你，你要跟媽媽一起從大門走路回家。』」

我說：「祐亨有跟我講這件事，我還說他好棒，可以等到四點媽媽和弟弟來接他。」

每次四點放學時，我就會帶著弟弟去接祐亨回家，他終於接受也相信「下午四點，媽媽一定會來接他回家」這個事實。跟孩子們約定好的時間，就一定要來接他們，**大人的守時、守信，對孩子們來說是很重要的事。**

當孩子們覺得父母的話可以信任，父母答應他們的事都會做到，他們就不會懷疑父母，也會感受到自己在父母心中是被愛、被珍惜與尊重，而且是有價值的，這樣孩子的內心就會得到安定與支持。內心安定的孩子，自然可以放心對外界與對生命進行探索。

孩子們面對分立焦慮的情緒表現得越激烈，往往也會適應得越快，但這也需要一旁的大人提供很好的支持與協助，如幼兒園老師的完全接納與陪伴。

哥哥在大哭兩天後，就平靜無波，開始漸入佳境。不像兩年後弟弟上幼兒園時，個性溫溫的，不哭不吵，但他每天早上都拖拖拉拉，讓我陪他在社區騎腳踏車逛到過癮後，才肯去上學。在學校，他也總是要花些時間，看看同學都在做什麼工作，或是想想家人後，才會專心做自己的工作。（兩個兒子都是讀蒙特梭利體系的幼兒園，因為是混齡共學，老師會評估觀察後，個別帶領孩子學適合身心與手部發育的工作。）

有一次接弟弟放學時，老師跟我說：「我看見竑勳在看妳們家的全家福鑰匙圈，眼角有淚光，我拍拍他問他：『是不是想媽媽？』他點點頭。我接著說：『媽媽好棒，幫你準備這麼漂亮的鑰匙圈相片，當你想媽媽的時候，就可以看看媽媽，然後就可以在學校好好學習。』竑勳又點點頭。後來我觀察到，他拿出鑰匙圈看的次數越來越少，這表示他已經逐漸適應學校的學習生活了。」

我覺得幼兒園的老師們都好棒，不但贊同孩子們的思念行為，理解他、包容他，也能耐心地鼓勵他、引導他、等候他，讓他們可以依著自己的個性，慢慢走出親子之間的分離焦慮。這份溫柔又貼心的等待，在孩子面對這麼深刻的不安和難過時，顯得多麼珍貴又深情。

焦慮，是一種面對還沒有發生的事情的想像，當幼兒要到學校去上學，不但要跟家長分開那麼久，還要去陌生而不熟悉的環境，他會感到害怕或擔心是很正常的情緒，有時候也沒辦法控制不去想。所以要給孩子的焦慮或想念一個可以寄託的對象，不然，那飄渺無所依的思念愁緒所產生的紛擾，會一直在胸口、在腦中縈繞與徘徊，無法著地，折磨著孩子的心緒，讓他無法穩定與安心的學習。只要是可以讓孩子看了會安心的東西，無論是帶玩偶、抱枕或是心愛的小玩具，其實都是可以的，有熟悉的東西陪著孩子，就會讓孩子覺得他不是一個人在陌生的環境。

如今，已經長大的弟弟已經不想像小時候那樣藉著看相片來化解想念之情了，他想要黏著我，那怎麼辦呢？

我抱抱他說：「媽媽明天帶外婆去洗腎，事情處理好就會盡快回家了，你就像以前一樣勇敢地在家裡做自己想做的事，寫寫暑假作業或是跟哥哥玩。如果真的很想媽媽，也可以打電話給媽媽。星期五，媽媽還會帶外婆去醫院回診，如果那時候你想去，我再帶你一起去，好不好？」

最後，弟弟終於答應我提議的這個方法。

當大人協助孩子整理好內心的混亂與思緒時，記得同時也要鼓勵他從自己的內在經驗中找尋出支持與肯定自己的資源。當他在成功經驗中找到資源肯定自己，就會生出勇氣與能力，也會對自己的生命有更好的掌控力與自信。

練習分離前，先讓孩子感到安心

要去幼兒園讀書的孩子心中，會同時有好奇與焦慮的心情，他們既好奇新環境，也會對分離感到焦慮。讓孩子帶個會讓自己安心的東西，能有效安撫焦慮，把注意力放在滿足好奇與學習上。

父母不要只想著給孩子更多更好的物質，其實更需要顧慮到孩子心靈層面的需求，並提供給孩子一個可以安放心情的家。

當孩子在環境裡獲得支持與放心，他會在心中長出無形的力量，在安全感中努力學習與成長，並與外界產生良性的互動和連結。

對話式教養——
親子有效溝通的五大祕訣

教養應該是孩子養愈大，父母愈快樂，
因為孩子不但變得更好溝通，也更有能力。
親權需要保持界線與彈性，
家人才能在愛的空間裡互動與成長。

不只現代的父母工作忙，連孩子也很忙，在親子有限的相處時間下，有效溝通就顯得更重要。希望下面這五個溝通小秘訣，能對大家的親子關係帶來幫助。

一、接住孩子的負面情緒，也要察覺自身的情緒。

孩子是透過觀察父母來學習，父母有好的ＥＱ，才能讓孩子有高的ＥＱ。當孩子情緒不佳，可以先「接住孩子的情緒」後再進行溝通。要如何「接住情緒」呢？當孩子哭鬧、生氣、撒嬌時，也許你正在忙，會覺得煩，你可以跟他說：「我知道你現在心情不好，在生氣。你可以生一下氣，等我忙完這件事，我們再來看看要繼續生氣，還是可以怎麼辦。」

讓孩子感受到他的情緒被同理與接納了，也許待會他自己就不生氣了。這麼做除了會讓孩子知道你不是只喜歡表現好的乖孩子，你能接受鬧脾氣的他，而他也可以接受這樣的自己。

再比方說，當孩子生氣時摔東西，這行為雖然不好，但如果當下你只想到東西會摔壞，卻沒想到孩子可能在摔東西時弄傷自己，孩子就可能會以為你愛東西勝過愛他，那你不是很冤枉嗎？比較好的做法是告訴孩子：「我知道你現在很生氣，但摔東西可能會讓你自己受傷。你真的想發洩憤怒，就摔不會讓自己受傷的枕頭或絨毛玩偶吧！」給孩子正向的提示或選擇，永遠勝過批評與辱罵。

當我們接受各種面向表現的孩子，孩子才會有安全感，進而願意跟父母表達真實的自己，而不用懷疑或擔心父母會不會不愛他，同時也會學習慢慢去轉化自己的情緒，這些過程都需要父母的引導，不會隨著長大在一夕之間就會了。特別是在孩子進入青春期之後，他還會被突然變化的荷爾蒙所影響，如果讓孩子學習對自己的情緒能有敏銳的覺知，比較可以減少親子衝突和降低衝突的力道。

大人也可以試著跟孩子分享自己的情緒。像我心情不好或很累時，會告訴孩子，暫時不想幫忙他們的請求。所以孩子們都很瞭解我處於負面情緒狀態時需要先獨自靜一靜，之後就會恢復平靜，而不用花時間去擔心或猜測我的心情。

二、知道何時要「解決問題」，何時該「發現問題」。

孩子丟出問題時，父母不但要能接住，還要能分析：現在是該解決問題，還是要發現出更多潛藏的問題。

例如，孩子打翻東西時，大人的第一個反應可能都會覺得很煩躁、很生氣，但生氣之後呢？我們不能改變已經發生的事件，只能改變這些事件對我們的影響。如果我們是要先解決問題，就要練習轉換自己的情緒，把生氣的時間用來帶領孩子一起收拾善後。

另一種狀況，是我們要發現出更多或潛藏的問題，並加以探究。比方孩子跟你說誰喜歡誰、誰跟誰在談戀愛之類的，你千萬不要板起臉孔教訓他說小孩子談什麼戀愛，要好好讀書，這樣孩子就會關起心門，不再跟你談感情的事。你要樂於傾聽，甚至是引導出他的想法，問問他有沒有喜歡的人或是有沒有人喜歡他。

不論是喜歡別人或是被人喜歡，都是很正常的事，多跟孩子分享這方面的經驗和感受，孩子才不會因為過度好奇而輕易嘗試，或是因為不懂得保護自己而被傷害。

有一次去代四年級的課，遇上畢業典禮，班導師說有幾個女生在廁所，好像在哭，於是我進廁所關切。只見一個女生指著另一個淚眼婆娑的同學說：「她喜歡的人畢業了！」

我說：「這樣啊！難怪妳那麼難過！但是沒關係，喜歡的人會變來變去的，也許以後妳還會遇到他，如果沒遇上就記得這份喜歡的感覺也很好，這樣想是不是就不那麼難過了？現在，妳可以進教室了嗎？」她點點頭。

當我跟她說喜歡的人會改變時，那個小四的女生突然眼睛一亮，就不哭了。她心儀的人應該也換過好幾個人了，只是她在傷心難過的當下全然忘了這件事。

三、溝通時要分聽事、聽情、說事、說情。

孩子愈小時，愈要即時回應孩子的需求，孩子在安全與安心中，才可以安穩成長。但當孩子愈來愈大時，孩子需要的是尊重與信任，要多聽孩子說與多放手讓孩子做，學習信任與賞識，撐起孩子可以自由探索與成長的空間，而不是壓縮與限制他們的發展。

祐亨在國一時，有次他們幾個同學相約要騎單車到外地去練習舞蹈，有個同學的媽媽傳訊息問我這件事，她說因為同學裡面有祐亨，她才願意讓她孩子去。後來，我把同學媽媽這份對他的信任也分享給他知道，他聽到了「這件事」，也領受了這份心情裡的「信任」。

此外，在跟孩子溝通的過程中，要專注聆聽孩子說，並幫助他釐清在他話語裡的「事」和「情」。像前面提到那個小四女孩的故事，我聽到她因為喜歡的人畢業而難過這件事，同時也感受到她的情緒低落。我接受她的低落，但也告訴她「喜歡」的這種感覺常會改變，鼓勵她從自己的內在經驗去找資源，果然觸動她內心經驗的感受與自癒能力。

像這樣，常引導孩子練習區分「事」與「情」的不同，孩子才不會總是被情緒混淆或沉溺其中，變成只會耍脾氣卻無法說道理的情緒傀儡。

四、多跟孩子產生正向連結，儲蓄愛的存款。

父母從小要跟孩子養成談天說話的習慣，多透過對談、擁抱、按摩、寫鼓勵的話語等接觸方式，讓孩子覺得在父母面前可以放鬆地展現自己，這樣，「家」才會是孩子身心靈的養護所。

平常父母也可以多想想孩子可愛的地方，讓自己心中有很多愛的畫面與感受，當孩子惹你生氣了，在情緒爆發前想想孩子跟你連結時那些愛的時刻，這就像是提取愛的存款，才不會讓愛的連結突然斷裂。

也可以問問孩子在心情不好時都用什麼方法讓自己心情變好，引導孩子多察覺內心的感受，並且盡量表達出來，如此親子才容易做溝通與交流。

五、跟家人好好說話。

語言是人類溝通最便捷的路徑，卻也是最容易拿來傷害人的武器，特別是親子發生衝突時，家長很容易就劈哩啪啦地亂罵一通先出氣，然後呢？

打罵是落伍的教養，不但無效還浪費時間，選擇跟家人好好說話，孩子就可以有樣學樣地進入良好溝通的文明世界。

我的原生家庭有六個孩子，但從小到大幾乎沒有被父母打罵過的印象，他們都是跟小孩好好地溝通、以說故事的方式取代講大道理，對照其他同年代成長的孩子，我算是很幸運的，也希望把這份幸運傳遞給你。

只要跟孩子好好說話，你的教養就成功了第一步，以後也會愈來愈進步。

「說」出親子好關係

成為母親之後，我常常思考著要如何給孩子更好的教養。在這樣不停試誤與修正中，我變得更了解自己、更會溝通，更愛孩子，也更愛家人和自己。

親子關係要好，一定需要良善的雙向溝通。孩子的溝通能力大多是跟父母學習的，只要父母有覺知的進化溝通能力，家庭裡的氛圍即便偶有風雨，但大多還是會風和日麗的閃亮而溫馨。

教養難免也會犯錯，但只要保持學習與彈性，一定是孩子養愈大，父母愈輕鬆自在，走上正確與正向的教養之路。

教養是造橋鋪路的心靈工程

這世上沒有完美的父母或子女，
也沒有放諸四海的教養攻略，
只有全心全意地觀察陪伴和互動溝通，
可以讓親子關係在愛的交流中正向又美好。

我一直很喜歡橋的意象，覺得造橋鋪路的人都很偉大，把河水滔滔洶湧不絕的兩岸，用穩固的橋來相互連結做溝通，這比用游泳、划船渡河等方式更加安全又牢靠。

沒想到在成為母親多年之後才發覺，教養其實也是造橋鋪路的偉大工程。

當我知道肚子裡有寶寶之後，我就開始跟他對話，相信這也是很多母親在一開始知道自己懷孕之後就會做的事。要是被其他不知情的人，看見一個女人跟著還小腹平坦的肚子說話，可能會懷疑她的腦子異常吧？但我們真的是既興奮又充滿期待啊！

當祐亨出生後，因為他在我肚子裡就對我的聲音和說話方式很熟悉，所以我們母子沒有經過太辛苦的磨合，很順利就建立起日常生活的習慣和規矩，這是我跟他搭建的親子之橋。

隨後，我開始幫他搭建各式各樣需要溝通的橋，不管是與外界還是通往他自己的心靈世界，包括跟親戚、跟大自然、跟書籍，或是跟他自己的身體……等。

教養，真的好累！因為每天都要面臨不同的挑戰，不同階段還有不同的關卡要過。

但是，陪著孩子成長也好快樂。

當一個什麼都不會，只會吃、只會哭和只會睡的小嬰兒，開始會跟你笑，跟你咿咿呀呀的對話時，那是一種單向的傳遞獲得雙向溝通的喜悅。

孩子出生後，父母面對的第一個難題，常常是由誰來帶孩子。

在老大祐亨出生後，我回到職場工作，白天媽媽幫忙照顧，晚上我回到娘家繼續接手。但因為他是個高需求的敏感寶寶，我的母親疲於照顧，我自己的身體也不堪蠟燭兩頭燒，在他四個月後我選擇回家當全職媽媽。每天處理他的生活大小事，期間還遇上父親罹癌，自己心臟不舒服等挑戰。看著先生天天開車到外縣市上班的辛苦，我們決定到他公司附近租屋。

接著懷第二胎，安胎、買新家、父親過世，弟弟誕生後被送回產房急救等，一連串的考驗從來都沒有停止過。我沒有時間思考或抱怨，每天都盡心盡力把事情做好，讓每一座連接的橋都能保持雙向交流。

只是教養不是完美的追求，衝突與考驗才是日常。孩子開始會說話、會抗議、會出現大大小小的問題時，原有的橋可能需要打掉重建或是改向，因為我們需要配合孩子不同階段的成長需求，提供給他們最適合的協助和陪伴。

當祐亨開始念幼兒園時，跟世界產生了更多連結的橋，也讓我發現自己在教養上追求完美的偏執。這種修正與除錯，讓我知道教養要從父母的本位主義轉變成以孩子為本，親子關係也從比較容易緊張改變成容易恢復和諧。

祐亨中年級的未婚女導師曾問我：「媽媽，妳念到碩士畢業在家帶孩子，不會覺得很浪費嗎？」

老師的問話確實在我心中盤旋與叩問，我是不是浪費了國家社會對我的栽培呢？我是誰？我只能做好母親、媳婦、女兒、妻子等這些賦予女性的的角色嗎？那我自己在哪裡？雖然那時我在當志工、當代課老師，但環顧以前的同學，有人是教授、是律師、是中高階主管，而我沒有響亮的職銜、沒有穩固的收入，我擁有的是兩個樂在學習的孩子，和一個幸福溫馨的家庭，這樣是不是浪費呢？全職媽媽或職業婦女的選擇，真的只能是魚和熊掌而無法兼得嗎？

然而，我們不能盡想著遺憾和失去的，只能把現有的選擇盡量做好，畢竟沒有平行時空做另一種選擇的自己。妳只能把當下的妳過好，如此就對得起想要為人父母的初衷。

當孩子開始說話、開始上學、開始交朋友，其實他也很努力在建造自己跟世界連結的橋。如果那座橋跟父母搭建的橋能互通，當然親子間的溝通和交流會更便利；但如果不在同一個位置上，父母可以怎麼辦呢？教養是要讓孩子如他所是，而非如父母所願，對於孩子與世界連結的橋，父母只要提供必要的建議或協助，其餘的，就讓孩子自己搭建與維持交流。

我對孩子們的生命充滿了祝福的期許，只是我會用不同的方式滿足不同階段的需求。當孩子逐漸長大，能負責和自律時，我也花更多時間重新建立自己和世界溝通的橋，保持學習與進步，給孩子做好榜樣，並欣賞與鼓勵孩子跟世界搭建出各式各樣的橋梁。

謝謝親愛的孩子們，你們雖然讓我們疲累與脆弱，也讓我們勇敢和強韌，讓我們享受到成為父母的快樂，也學會承擔父母該有的責任。

莫忘為人父母的初衷

在老大祐亨出生幾個小時後，我接到醫院打電話來通知他已經被送到新生兒的加護病房。因為我在孕期早期破水而住院安胎，醫院擔心他被感染而讓他住進加護病房打抗生素治療。這個緊急狀況讓我從初為人母的喜悅，瞬間落入驚恐擔心的煉獄。

老二竑勳出生後的狀況更勁爆。當他剛被送去新生兒室後不久，就看見護士衝進來喊著：「給他O_2！給他O_2！」當時他全身發紫癱軟成不會動的布娃娃。

兩個兒子都在出生後不久，就送給我很大的生命震撼。因為害怕再度出現可能失去他們的恐懼，我總會想著，他們只要平安健康的成長就好。

下次當孩子把你激怒或讓你失望時，先想想生養孩子的初衷吧！讓最初的溫柔心願暖化你現在的憤怒或痛苦，可以讓你的理性慢慢恢復，找到適合的方式處理突發狀況。

溫和而堅定地守住教養界線

父母不但要溫和而堅定地守住教養立場，
還要隨時檢測自己的情緒，為孩子做身教與言教的示範，
真的很辛苦又艱難，不是嗎？
但用心陪著孩子長大，也能讓我們變成更好的大人。

當父母，就是在不斷的試誤與除錯中，努力找尋出最適合孩子教養與相處之道的方式。

祐亨小時候犯錯時，我都會花很多時間和他講解與溝通，必要時也會予以小小體罰。但在處罰後，我會抱抱他，說我很愛他，達成親子和解。

只照顧祐亨一個孩子的那兩年，雖然辛苦又充滿挑戰，但仍游刃有餘。

當弟弟竑勳也出生後，得同時照顧兩個孩子，我確實經歷過一段精疲力竭又分身乏術的疲憊時光。特別是在弟弟六個月時，我們搬到了人生地不熟的異鄉，那時感觸更是深刻，先生每天早出晚歸地忙賺錢還房貸，我天天一打二地在家過著偽單親的生活。

過度的疲倦與孩子們的互不相讓，確實曾扯斷過我努力維持的理智線。

當哥哥讀小一，弟弟是中班時，某晚洗澡，兩個人在為了誰要泡大的浴盆而互相爭執，我不停地勸說與調解，都無法平息戰火。他們越吵越烈，我的情緒也越來越高漲，那如蜜蜂嗡嗡叫的吵鬧聲響，變成情緒未爆彈的引信。瞬間，我的憤怒突然被引爆，那使用過好多年的塑料浴盆，就被我一拳擊破。

破碎的浴盆，馬上讓三個人的動作定格，而那場原本荒腔走板的鬧劇，瞬間變成了冬夜裡讓人心碎的默劇。

其實，在用拳頭擊破浴盆的瞬間，後悔與驚嚇震撼著我自己，因為好痛！我的手還刮出了傷痕。雖然我堅持住不打不罵孩子，但我卻把氣出在浴盆身上，我怎麼可以遷怒浴盆？我為孩子做了錯誤的示範，孩子們也被我的舉動嚇壞了，在死寂的沉默中很快洗完澡。

雖然，後來孩子們在我重新溝通後，跟浴盆謝謝、道歉與道別，但那件事，確實讓我們母子三人心中都留下一個疙瘩與傷痕。隔天去接祐亨放學時，老師跟我說，今天孩子在學校第一次鬧彆扭，讓她覺得很奇怪。我跟老師說因為昨天家裡發生了衝突，也許影響到孩子的心情。老師拍拍祐亨的肩膀說：「沒關係，事情過去就好了，媽媽很愛你的！」

在那一刻，我深刻明白，父母一定要努力控管好自己的情緒，因為**大人失控的情緒，會對孩子產生什麼樣的影響，也許是你無法想像的。**雖然昨夜我們達成了親子和解，但今天孩子異常的表現，就是他還沒有真正從事件中安然抽離的證明。當老師跟祐亨說媽媽很愛你時，藉由孩子信任的老師三方認證媽媽的愛，才真正讓孩子驚恐的心，相信媽媽仍持續有愛而穩定下來。

之後，我經過反省，發現除了是因為自己晚上身心疲累亟欲休息之外，另一個原因是自己過度介入手足的紛爭。其實我可以讓他們自己協商如何分配使用不同大小的浴盆，而不需要把脾氣發洩在物品上。後來我就跟他們約定好，當他們發生爭執時，只要不傷害自己、不傷害對方、不傷害物品，他們可以自行商量和處理。

當父母發過脾氣後，除了後悔，到底還留下什麼？沒有一個父母喜歡發脾氣，每次生完氣，看著孩子熟睡又可愛的小臉蛋，你是不是會心疼地在心裡默默跟他說對不起？這樣常常分裂又錯亂的精神狀態，不知折磨著多少努力要成為好父母的家長心。

不要再這樣折磨自己了，跟孩子們求救吧！建立好家裡的生活常規，就要孩子們好好遵守，訂好獎賞與處罰的制度。當孩子們違反家規，先給孩子口頭提醒說：「你的行為，已經違反我們的約定，這會讓我不開心。我不想發脾氣，請你遵守我們的約定。」當孩子們不小心犯錯，比方說打翻東西，弄髒環境，也把破口大罵的時間，省下來帶領孩子一起收拾，教導他為失誤負起責任，這遠比罵孩子省時又有效。

在孩子有額外的需求時，可以讓他們用理性的方式來說服父母，而不是用吵鬧的方式逼父母就範。像兩個兒子小時候想養寵物，我就是讓他們用行動和口語來說服我。他們花了一個學期的時間，證明自己有能力照顧好自己，也能照顧好寵物，我們才在祐亨小三的暑假時去買了一對虎皮鸚鵡。

父母不能因為心情好，就讓孩子破壞規矩；父母也不能因為今天心情不好，又讓孩子原本可以做的事受到限制，這樣搖擺不定的父母，不但不能讓孩子信任，也會讓孩子缺乏安全感。

當你跟孩子溝通出現障礙或是瓶頸時，你可以透過孩子信任的長輩或是師長跟孩子談談，或是藉由書寫的方式跟孩子再度重啟溝通，有很多外部資源可以讓你優化教養。

當親子發生衝突或是裂痕時，正是能讓親子感情變得更親密與緊密的好時機，因為大腦在我們出錯時，會變得更活躍，也更熱衷學習，進而提升自己的思考層次。

當孩子開始挑戰家規時，代表他要邁向下一個成長階段了。比方從幼兒變成學童、從學童變成青少年，在這些過度階段前，孩子一定都會經歷動盪與變化，甚至向大人發出挑戰或反擊。父母不要害怕改變，要在混亂中盡快找出新的秩序與平衡，親子一起調整家規，在動態平衡中共同成長與前進。

管教不能失去原則

竑勳小學二年級時，有一次跟我到賣場，他吵著要買一個東西，我說不行！他故意說：「媽媽，那我要在地上打滾喔！」我說：「如果你想那樣做，那你就自己決定吧！」他笑著說：「我才不會那樣做！那樣好丟臉啊！」

孩子其實都很精，很喜歡試探父母的底線，當他發現藉由吵鬧可以讓父母失去理智而得到自己想要的東西時，那是你自己沒有守好界線，不能怪孩子。父母嚴守管教的規矩與界線中，才能讓孩子從穩定與安全感中，慢慢型塑出自我的人格特質與價值觀。

PART IV

媽媽真的很厲害，但她沒有超能力

好好陪伴孩子，也陪自己的內在小孩長大

當孩子平安誕生，我們只是完成了生理上父母的任務，教養的每一天，卻讓我們肩負著心理上父母的使命，孩子的反饋與互動，讓我們感受到生命傳承的美麗與可貴，陪著孩子長大，也讓自己成熟，親子間的愛能讓彼此共好。

每個父母都是在當了父母之後，才有機會學習如何去做一個稱職的、盡其在我的、游刃有餘的父母。

孩子幾歲，我們就當了幾年的父母，而且還要靠不停地覺察與修正，找到親子之間最容易溝通與相處的模式，在好好陪著孩子長大的同時，也讓自己變成更好的人。

起初，只有大兒子時，我是個嚴格的母親，生活起居作息都一板一眼地執行。孩子提出的任何問題，我都很審慎地對待與回答，所以養成了哥哥很便己的口才和思考邏輯，甚至有很強的好勝心、榮譽心，和追求完美的個性。

常常在白天，我處罰過他或是兇過他，在夜裡，看著他熟睡而可愛的臉龐時，會默默流著淚在心裡跟他說對不起。即便每次處罰過他之後，我一定會抱抱他跟他說媽媽很愛你，達成母子和解，但在夜深人靜時，我還是經常因為自己的教養方式而陷入後悔，這種複雜與錯亂的教養心情，一如在迷霧中找尋出路，你知道自己一定能出得去，卻又徬徨驚恐於一時找不到出口。

弟弟出生後，兩個孩子個性截然不同，我也用了不同的教養方式。有一天，我們母子三個人在玩，二歲半的祐亨突然說：「媽媽，妳要用看弟弟的眼睛看我！」

我笑著回答：「媽媽看你的眼睛，跟看弟弟的眼睛，是同一雙眼睛啊！」

他說：「不一樣，妳看弟弟的眼睛都在笑，看我的眼睛都好生氣。」

當時，我的心真真實實受到震撼。為此，我寫了一篇文章敘述這個故事。那是我在教養孩子上的第一次覺醒。

我自以為給了孩子一樣的愛，但孩子接受到卻是不一樣的感受。我要努力的，就是在我付出與孩子接收之間，讓那感覺誤差的距離拉近，讓愛不致於在傳遞中被誤解、被錯判、甚至孩子根本沒有接受到那份愛。

那份覺醒也讓我發現，自己需要的愛要學習說出來。

哥哥剛上幼兒園的第一個禮拜，因為他學習能力強，也很會陳述校園發生的事，所以每天都過得很開心，也適應得很好，更期待一周後要在學校午睡。

但當開始在學校午睡時，問題與衝突才正式浮現。他抗拒午睡，最後甚至抗拒上學。那時，幼兒園的園長跟我說：「祐亨媽媽，我發現妳在潛意識中，要把祐亨教成一個完美的小孩。」

要把祐亨教成一個完美的小孩?!

是啊！難怪我對他這般嚴厲、這般認真、這般在乎，我每天都戰戰兢兢、如履薄冰、竭盡所能地教導他，只因為我希望他是一個完美的小孩?!

天啊！我都不是一個完美的大人了，我到底對孩子做了什麼事？我常常會忘記他還是一個在學習中成長的孩子，卻戴著看大人的濾鏡在檢查孩子。這是我在教養孩子上的第二次覺醒。

這份覺醒也讓我回想到跟大學同學對話時，提到我並不想生養孩子這件事，因為我無法面對不完美的孩子。原來深埋在心底的心病，要自己去扒開來治療才可能痊癒。

當弟弟也逐漸成長，兄弟之間開始會有衝突、有口角、有肢體上大大小小的碰撞，因為我太在乎關係的和諧，他們之間所有發生的事，我都太認真對待，造成孩子們愈來愈會爭寵，最後終於壓垮了我的理智線。

有天，我真的要衝上四樓去跳樓，想要一死百了，留著他們自己再去爭、再去吵、再去後悔。孩子們哭著、抱著我，我也在哭。三個人筋疲力盡地哭成一團。

不論是當下或如今回想起這件事，我都自責不已，覺得自己真不是一個好媽媽，實在是太任性了！

我發現原來的情緒是會生病的，所以開始看心理學的書，也回觀自己的原生家庭，去探詢問題的緣起，剖析自己為何會有如此的情緒表現。後來，我明白了這是種報復心態，源自於小時候。當時父母在吵架後，母親會離開家去外地工作。這一離開，從來都不知道會是多久。小時侯我最害怕的事，就是回到家見不著母親。母親一消失，不知道又會是多少個日子，我又得經歷深深的期盼與無盡的等待。

因為我失去過母愛，那份痛苦始終沒有被消化，所以我也想讓孩子嚐嚐那份失去的痛苦。拿自己受過的傷害來傷害孩子，這種報復的心態，著實令我不寒而慄。我怎麼可以傷害他們，報復他們？我要做一個好大人。

於是，我有了教養孩子上的第三次覺醒。我找回在童年中受傷的自己，用現在成熟的自己去療癒童年受傷的心靈。

在第一次覺醒中我發現，每一對新手父母一定都有過慌亂而不知所措的困頓時期，雖然我們很愛孩子，卻不一定很會照顧孩子，因為缺乏經驗，會用自己以為愛孩子的方式來給孩子愛。比方說，我們打孩子、罵孩子，是因為我們要糾正孩子的錯誤，是因為愛他，但孩子只接收到被罵、被打的討厭和恐懼，他怎麼會覺得那是父母在愛他呢？愛孩子，是要用耐心好好跟孩子說話，是要為孩子示範正確的做法。在心平氣和地說與做中，孩子才可能學習到正確的事，你付出的愛才可能真正的被傳遞與接收。

在第二次覺醒中，我相信很多父母會跟我一樣，常常用大人的濾鏡來看孩子，在心中也會有一個完美孩子的模範，以為孩子學一次就會，聽一次就懂，無法忍受孩子會犯錯、會吵鬧，會發脾氣甚至會頂嘴，這些狀況在只有生養一個孩子的時候特別明顯。因為獨生子女享有父母的一切照顧，父母也自然會把所有的期望與想像都投射在他的身上。但孩子跟大人一樣，都不可能是完美的人，更何況他還只是在努力學習與成長的小孩。

很多人在教養孩子發現問題後，會重新審視自己跟原生家庭間尚未解決的課題，這也是我在第三次覺醒中的深切反省。因為我們想把孩子教養好，就必須去面對自己生命中尚未處理好的事情，比方說跟父母和手足的關係，還有相處模式。如果沒有透過覺察與改變，我們會很自然復刻父母對待我們的方式，直接套用在對待下一代身上，但這樣做卻不一定正確。

教養就像是面對自己生命的鏡子，我們在看到孩子的一言一行之後，會發現他說的

話、做的事，怎麼都跟我們這麼像？這樣的發現，會讓我們對教養的態度更慎重，更謹言慎行。同時，發現生養孩子的不容易之後，會讓我們回過頭感謝父母當初的養育之恩，並藉機修補之前親情有漏洞或缺損之處。

為人父母就是在一次又一次的覺醒中，找回失去的自己，慢慢變圓滿與睿智，這需要我們持續保持學習。

感謝孩子，讓我學會如何成為好父母

我們把孩子從子宮中擠壓而出生，孩子卻把我們擠入自我成熟的陣痛之中，因為我們要給孩子做示範，所以要不停學習與優化自己。看著是我們在教養孩子，但孩子帶給我們的反饋和省思，其實遠比我們付出的多。

跟著孩子一起成長，你才不會覺得自己在付出中，一直在被虛耗與掏空。保持覺察與調整，協助孩子完成階段性的需求與成長，當孩子愈長大，父母也愈成熟，生活就會如倒吃甘蔗，愈來愈甜蜜與和樂。

媽媽的不耐煩，是向家人求救的訊號

當媽媽出現不耐煩的心情，她只是發出求救的訊號，你可以出手解救她，或是讓她安靜獨處一段時光，強大的媽媽們，都有自救與自癒的能力，但是，媽媽也要學會呼救，適時的請家人幫忙。

現代的媽媽不好當。任勞任怨的媽媽們，在成為母親前，多少人是被父母捧在手掌心上呵護的公主？是被男人護在心窩裡唯命是從的女王？那些身影美麗，心情美好的歲月，還常常會在夢中翩翩起舞。怎麼搖身一變，當了媽媽，就成了跪婦、女僕、家教，甚至是水電工？

常常當我跪在地上，一寸一寸地擦拭著地板時，若先生剛好在現場，偶爾會故意問他：「親愛的，你把心愛的女人娶回家，就是為了讓她幫你跪著擦地的嗎？」他總笑嘻嘻地回：「當然不是，我還買好吃的給妳吃，帶妳出去玩，還做很多讓妳開心的事。如果做家事忙不過來，那我們就花錢找人來做啊！」

花錢找人來幫忙做家事，我們確實做過。那時年關將近，家事公司派了四個人來打掃，弄壞了兩樣東西不說，做事也做得不好，地板留下水漬，我還得重新擦過，讓我從此對委外打掃敬謝不敏。

跟先生這樣撒嬌、抱怨一下，只是為了增加生活上的情趣。我知道他捨得花錢請人來做事，是我不習慣家裡有陌生人進出，只好自己認份地慢慢做。

但是同樣耍賴的方法，用在兩個兒子身上，妳還得看他們願不願意買單。因為妳不是他們心愛的女人，妳只是他們的媽媽。

叫媽媽，太沉重！

夜裡七點到九點，是一天之中情緒最緊繃、身體最疲憊不堪的時刻。常常洗好碗，擦完地，忙完家事，拖著疲累的身體爬上三樓，還沒坐下，就聽到「媽媽，幫我這樣！」，「媽媽，幫我那樣！」，媽媽，媽媽，媽媽……

「媽媽」這兩個字好像咒語，讓我成了逃不出如來佛手掌心的孫悟空。但是，我不要做孫悟空，我只要做我自己。我要擺脫媽媽的咒語，因為我真的很累了！這時我總沒好氣地回答：「不要，我現在不想幫忙！」

媽媽可以生氣、不耐煩、抱怨、傷心、哭泣、沒耐心、拒絕孩子嗎？答案是，當然通通都可以！媽媽也是人，不是機器。媽媽會累，而且說實在話，媽媽這個角色，也真的很累！

當媽媽很疲憊、開始出現不耐煩的狀況時，其實那是一種求救的訊號。如果，你不想出手解救快要被做不完的家務海嘯所滅頂的媽媽，也沒有關係。你只要靜靜地做好自己該完成的事，暫時不要再打擾媽媽，媽媽們都很強大的，她們有能力自救、自癒。

只要給媽媽們一些安靜的時間，哪怕只有幾分鐘，讓她們的身體暫時放輕鬆後，她就可以慢慢梳理內在的情緒，讓身心都沉澱與沉靜下來。只要幾分鐘安靜的休息，又會有一個笑容可掬、動作優雅的媽媽再度出現。

媽媽也是個可愛的女人，有喜怒哀樂，有七情六慾。看到傷心的劇情，會流淚；看到搞笑的橋段，也會大笑。大部分的媽媽，笑點低，哭點也低，既好哄、好騙、更好使喚。只要家人真心顧及媽媽的心情感受，她們就會心甘情願地成為最任勞任怨的那一位家人。

家人要珍惜彼此可以相處的時光，感恩每一個家人對家庭的付出，一起經營共好的生活，記得彼此多支援與協助，不要讓媽媽一個人太累。媽媽也要記得開口求援或是自救，練習察覺自己的情緒與內在的心聲，是迎向更美好生活的關鍵。

現在當高一的祐亨放學回家，如果我還在廚房忙得不可開交時，會請他幫忙炒菜，或是準備吃晚餐的事情。有需要就開口求救的媽媽，是不是更真誠可愛、更貼近人性？

親子關係是雙向的交流，不是父母單一的付出

家人是彼此的鏡子與支柱，我們在對方的眼中看見自己，也在對方的肩膀中得到依靠。

只是孩子會長大，父母會衰老，要把孩子培養成身心靈獨立的個人，就要從每一天的生活中讓孩子察覺自己的努力與進步，是不是都有逐日更新，而不是都依附在父母之下想要庇護。

父母懂得適時地拒絕與接受孩子的付出，是對孩子很重要的訓練與能力培養。

如果命中注定，又何須算命？

許多人對前世今生的因果關係，
總覺得好奇，想一探究竟。
只是，算命的暗示，是讓你生活變得更好？
還是畏首畏尾地愈過變得愈糟？

在我童年的記憶中，有幾項事情是記憶最鮮明而一再聽家人或鄰居提起的：一、父親總是跟我說：「妳在妳媽媽肚子裡的時候，天神跟我託夢說妳是楊戩二郎神投胎轉世，是個男孩有第三隻眼睛。」雖然誕生下來的我是個女娃，但父親依然對我疼愛有加，父親認定我是二郎神來轉世。

二、母親跟我說：「因為妳小時候常常生病，還窒息過兩次，都被妳爸爸救回來，我就帶妳去給媽祖娘娘做乾女兒。有媽祖娘娘的保佑之後，妳果然變得比較好養了。」我是從小就受神明特別保佑的孩子。

三、家人或是鄰居叔伯阿姨總是喜歡跟我說：「妳是妳們家六個小孩中最漂亮的，妳爸最疼妳！」這件事讓我一直執著於表象的美，有一段曲折的心路歷程。

綜合上述童年的經驗，我在一再被暗示與催眠中，覺得自己是特別幸運又好命的女孩，也一直享受著被人特別關照的保護與服務。

在大一時班導師問我：「妳爸爸是將軍吧？妳怎麼看都像是將軍的女兒！」在念研究所的時候班導師說：「妳的style跟我在美國唸書時的一個同學好像，一看就是很好命的女孩。」

我只是平凡退伍老兵的女兒，但我確實一直活在好命之中，暗示的效果真的強大到深入血液，跟著每一個細胞跳動與呼吸，那為我的人生編織出細密又強大的自信防護網。

但是算命的暗示，又有多少變成生命的禁令呢？

很多人在孩子出生後會帶孩子去算命，算生辰配命名，為了想要讓孩子一生平順，前途光明，這種趨吉避凶的心態原也是無可厚非，但算命只要參考就好，不要變成人生奉行的圭臬，或是生命發展的禁令。之前就有同事算命說剛出生的女兒跟他命格不合，他就把女兒送回父母家照養，這種故事還不是特例。

有次去土耳其玩跟領隊聊起彼此的戀愛史，她知道我跟先生是彼此的初戀，還談了十年戀愛才結婚，第一個反應便是馬上問道：「妳們是不是青梅竹馬？從小就手牽手地說我長大之後要嫁給你？」

我說：「並不是，我們是大學畢業那一年才認識的。」

她驚訝地問：「那為什麼戀愛談了那麼久？」

我說：「是因為算命的。」

跟男友交往幾年後，她的母親一直希望我們分手，男友問她：「為什麼妳要反對我們在一起，是因為家世？還是因為省籍嗎？」他們家並非巨賈，我們家也非赤貧，只是一個是中產靠近前端的本省家庭，一個是中產趨近後端的外省家庭。那時男友的母親說：「因為算命的說你們兩個人都是亥年亥時出生的，四個亥造成『八荒之地，無以為生』，命不合，所以我希望你們分手。」

雖然在交往的過程中難免吵吵鬧鬧，也好幾次想分開，但就是真的沒分開。到了第八年，男友的媽媽自己受不了了，又跑去找算命的想化解我們不合的命運。還真的有解。算命師給我們算好了隔年訂婚，再隔年結婚的好日子，連安床的吉時在非假日，準公婆都很慎重地去幫我們進行安床的儀式，只因為衷心希望我們可以白頭偕老、一生幸福。

我從原本被極力反對的女友，變成被夫家慎重以待娶進門的媳婦，都是因為算命師的話，當然還有因為婆婆開明的想法與開通的作法。

有問題就會有解，再不合的命都可以改的。如果你曾帶孩子去算命，盡量趨吉避凶就好，不要給孩子太多的限制。過度擔心與加強保護，對孩子都不是健康的愛。

斷捨離的放手教養學

最安全的船是停泊在港口的船，但那並非造船的目的。孩子最安全的港灣是父母心靈上的支持與肯定，而不是父母以雙臂擁抱的空間。

多給孩子鼓勵而不是限制，讓孩子盡量去探索與嘗試，他們的人生格局才不會被初起的命格所框架，而能真正發展出潛藏的自我。

婚姻，是夫妻互相完整彼此

因為對情感的需求不同，
男人顯得容易相處，女人顯得容易受傷。
相愛的父母會讓孩子學會接受愛與付出愛，
讓家人在愛中完整彼此。

男女之間因為有不同的特色而互相吸引，卻也因為不了解而相互誤解。從相互吸引到不了解再到誤解，最後又分開，然後又和另一個人從相互吸引開始循環。但我們有那麼多的時間可以浪費嗎？

談戀愛看起來好難，維持婚姻做起來也確實不容易，但只要退一步看，讓彼此有點空間，產生了欣賞的距離，那兩性之間的互補，確實是地表最強的吸引力。

在哥哥祐亨讀國二的暑假時，我們早晨一起去騎單車，那感覺跟自己一人騎車時是完全不同的心情。他的車大，體力好，一路上都騎在前面，偶爾關心地回首，看我有沒有跟上。

為了追上他的腳程，有別於自己一人時我會邊騎車邊拍照，記錄沿途的美景和心情，當時我只能馬不停蹄地踩動踏板，只為了追上他和風飆速的陽剛青春。

看著前方青春正盛的男性身影，一上一下奮力地踩動踏板，向目標衝刺，連隨身而過的風，都奔馳了起來。這努力奮進的影像，既讓人肅然起敬的動容，卻也讓人有些黯然神傷的遺憾。

男性一旦鎖定目標，只想努力的衝刺，不但要快，而且還要更快，他們是天生的拓荒者，劈荊斬棘所向無敵，只為了達到目的，流血流汗再所不惜。但他們卻忘了善待、以及欣賞沿途的風光美麗。

女性一旦下定決心，她會在一路上種上花、植上樹，還撒滿愛的種子。沿途更是敲落下長長短短的音符，讓這一路的風光旖旎，蜜蜂來採蜜，蝴蝶來飛舞，還有鳥兒的啼唱鶯鶯。

兩性不但有差異，也有各自強弱的特性，要能相知相和，相互理解與補強，才不致辜負相遇的緣分。

有天傍晚，我們一家四口出發一起去騎單車，由哥哥領軍，弟弟在後，我騎在他們身後，又是苦苦地追。原本先生在最後面跟隨，但因為我沒帶墨鏡擋風，眼睛愈吹風愈乾，隱形眼鏡差點掉出來，而讓速度愈來愈慢。

終於，先生從旁邊騎過去，那看著我的驕傲眼神，似乎是在說：「我很強，追上妳了！」

哈！男人就喜歡競爭，就喜歡比強。讓他追上，也因為他確實一直很強。

等了一個紅燈，拍了慷慨灑下金光的夕陽餘暉，我已經看不到那三個男人的背影。

終於騎到了最大的十字路口，發現先生在路的那端等待。在等待長達七十二秒的紅燈過去後，就這麼巧，正當紅燈轉成綠燈，我正要開始騎時，剛好看到先生深情地向我望來，這是心有靈犀一點通的默契吧？畢竟，是要攜手一生、相扶相持的伴侶，雖然已約好要騎去的目的地，但看見他在等我，還是讓心深深地被感動。

跟先生初戀十年，我們從最初懵懂以自我為中心的男孩與女孩，彼此互相磨合著稜角與高傲，磨成越來越契合的圓潤表面，那一起努力所投射出的光芒，照亮了攜手前行的路。

結婚快十八年，我們也從最初，混雜著擔心、緊張、生澀的新手爸媽，認真地反思與學習教養，與彼此包容配合互補，慢慢磨合成漸入佳境，可以享受成為父親、母親。

騎過先生旁，他問：「妳怎麼那麼慢？」

我笑著說：「因為掉到洞裏。」

他驚訝地問：「掉進什麼洞？」

我開心地回：「掉進回憶的洞。」

婚姻，確實需要用心經營。不是喊著「愛情萬歲，結婚真好」，就可以幸福地過上一輩子。婚姻路上，從蜜月最初的甜蜜，到一起相處生活的習慣磨擦，婆媳過招的交手，到孩子加入後的天翻地覆，接踵而至的考驗與挑戰，比享受的時候多了更多。

男人，是線性思考的習慣，遇上問題，只想要快速地找到解答。女人，是網絡思考的連結，面對問題，需要情感上的支持與理解。兩性如果不好好溝通，一個快一個慢，一個急一個怠，都只怪對方不了解自己，不但對雙方的關係沒有助益，還會產生誤解的殺傷力。

聰明的女人，就要發揮天生的柔性，去軟化男人的剛毅。當他又急又猛地衝刺時，要他放緩一下速度，才可以享受過程。柔弱勝剛強，女人要多傾訴、多傾聽，把因為不了解而衍生出的誤解化開。與其花時間去挑剔與嫌惡對方，不如把時間用來好好溝通與欣賞對方和你的不同。

當男人衝在前方，辛苦地為生活找出路，而疏忽了妳的等待與需求時，妳只要好好跟他說，他就會了解。不要讓男人猜，沒有人可以真正猜準別人的心思。與其自己生悶氣、不開心，就把那些時間用來讓兩人都開心。兩性，是來互補，而不是互相挑剔或嫌惡。

父母在日常生活的相處，其實就像是孩子看著未來婚姻生活的藍圖，他會學著如何

和同性或異性相處，這些在生活上的面向，遠比讀書考好成績更重要。父母相愛的家庭，是孩子幸福成長的溫床，那是教養最堅實又穩固的基礎。

沒有完美的另一半，只有懂得包容的彼此

婚姻生活並不完美，不是童話故事中王子跟公主從此過著幸福快樂的生活，面對生活的挑戰，會讓白雪公主變成了灰姑娘，王子也會變成青蛙，讓我們從最初的虛華與不成熟，從自我為中心，慢慢走向樸實與穩重，學會了體諒與包容。

這中間，如人飲水冷暖自知。也許會遺憾、會後悔，但那些負面過程，在經歷過後，還是比不曾感受過來的豐富與踏實，讓我們在不完美中，依然可以品嘗著完整彼此生命的幸福與喜悅。

要常常鼓勵與賞識配偶，那代表是對自己生命的肯定與祝福。

生活要認真經營，但不要過度努力

「生活要認真，但不要太過認真」，這是要告誡自己，放下追求完美的想法與潛意識。不要再執著於「凡事要做到完美」，這樣不但為難別人，也為難自己。努力完成每一件事，就是很棒的事。

終於下定決心去看皮膚科。在小腿上某些區塊，時好時壞的搔癢感覺，已經困擾一段時間。皮膚科醫生笑著說：「洗澡不要洗得太認真，油脂都被洗完了，小腿的皮膚才會過敏發炎。」

這是我收集到第三個醫生告誡我，不要太認真。牙醫跟我說：「刷牙不要刷得太認真，都把牙齦刷萎縮，牙齒表面刷磨損了。」因為不喜歡嘴巴裡殘留食物的味道，用餐後，就要刷牙。心臟科醫師跟我說：「生活要放輕鬆，不要太認真。做些運動，妳的心臟才不會那麼累。」心臟一分鐘平均跳九十下，每到中年，就被虛脫耗竭的感覺，弄得身心俱疲。

總是習慣用認真的態度，做每一件事，說每一句話。但行至中年，卻一直被告誡不要太認真、不要太認真、不要太認真……。

不要太認真，是一種告誡與祝福嗎？告誡你不要太認真地執著在追求完美，才可以走得更遠、更穩。祝福你學會察覺，隨時把自己從追求完美的緊繃中放鬆。

回首接近半百的人生，我是太認真了。特別是結了婚，當了媽媽以後。太認真面對家裡的每一個人、每一件事、每一個突發的狀況。因為太認真，常常把自己繃得很緊。認真並沒有錯，但是太認真，有時卻會變成吹毛求疵，不但為難了自己，同時也為難了別人。這樣總是緊繃的弦，很容易就會斷。

現在，我會認真地告訴自己，凡事過猶不及。要學著放鬆自己。以下是我練習過認真的生活，但不要過度努力追求完美的提醒清單：

一、**面對另一半的挑剔，聽聽就好，不要太認真。**

先生如果下班一回家，就抱怨家裡一團亂，其實是他在工作上遇上困惱或瓶頸，心裡一團亂，才在找代罪羔羊，妳何苦對號入座？

與其花時間跟他抗議或吵架，不如抱抱他說：「親愛的，歡迎你回家，辛苦你了！」妳的擁抱會提醒他，回到家先把情緒放下。再找機會跟他聊聊天，談談工作上的事。他無端的憤怒與發洩，卻換回你有心的溫柔與關懷，這樣你們之間的愛，才會更緊密與融洽。

二、**家事永遠也做不完，就慢慢做。**

身心愉快時，就多做點家事，把家裡布置成自己最喜歡的樣子。覺得疲累時，就放輕鬆，兩餐才洗一次碗，衣服多放一天再洗，少擦一次地板，天也不會塌下來，地球也不會就此毀滅。

家事永遠也做不完，按照優先順序慢慢地做、開心地做。

三、孩子的營養很重要，但開心的用餐氣氛更重要。

不要斤斤計較孩子攝取的營養夠不夠、完不完整，只要吃的是健康的食物，用餐的氣氛是愉快的，即使不能天天煮飯，並不是罪大惡極的事。而且人的口味會變，小時候我不敢吃的東西很多，長大後卻都敢吃了。

家裡吃飯的氣氛尤其重要，不要在餐桌上跟家人吵架、生氣，因為用餐的氣氛如果不好是會影響健康的。

四、認真處理家裡的突發狀況，但不要放入太多情緒。

處理突發狀況前先深呼吸，把情緒歸零，才可以不受心情干擾，以免製造出更多的問題。

認真面對每一個突發狀況，但不要太過認真投入情境，要把自己抽離出來，才看得清事件的本質。

五、隨時提醒自己放輕鬆，笑一笑。

當上下排的牙關又緊咬時，當肩膀的肌肉又僵硬時，告訴自己放輕鬆，笑一笑，這樣肩頸才不會痠痛，臉部的表情才會溫和，心情才會美麗，舉止才會優雅。一定要常常提醒自己放輕鬆，跟自己笑一笑，不然我們總是處於警戒狀態，真的會把自己逼瘋。提醒自己笑一笑、放輕鬆，會有安撫與賦能的效果，真的很神奇。

六、告訴自己慢慢來，也不要無謂地自尋煩惱。

媽媽是家裡的運作軸心，媽媽心情的陰晴圓缺，會直接影響著家人的喜怒哀樂。凡事認真做，活在當下，但是要告訴自己不要急、不要趕、不要無謂的自尋煩惱，按部就班把事情做好就好。

七、鼓勵自己，我可以做得到。

「自古千難惟一死」，除了死亡無法改變，什麼事都有解決的辦法，真不能解決時，就學會放下。鼓勵自己，我可以做到，不要被心中胡思亂想的假想敵打倒。

大腦是一個用進廢退的器官，當人遇上挫折與失敗時，大腦會努力地想要除錯與改進，當犯錯或面對挑戰時，就想著是大腦進步的時機到了。多自我鼓勵，你就會愈來愈懂過生活。

八、強化家人的優點、淡化家人的缺點。

往往，我們都習慣只盯著家人的缺點看，要家人改過，覺得都是為他們好，最後卻弄得大家都不太開心。盯著缺點追，卻忘了看他們身上的優點，也忽略了他們為共同生活付出的貢獻和努力。

從現在開始，要認真看家人的優點，不要太在乎他們的缺點。當我們把看家人缺點的濾鏡，換成挑出家人優點的牙籤時，家人就可以做到更好的分工，相處起來也會增添許多被彼此欣賞的幸福光彩。

不必做完美母親，「夠好」就好

給生活一點喘息的空間，有些事可以放下交給其他人做，才不會讓家裡有個超強的「工具人」，其他的家人卻漸漸變成失能。

事情沒達到一百分，九十分也不錯。凡事保留一點彈性，也才有空間可以迴旋。

經營婚姻生活、教養孩子與提升自己，都是長遠的路。放下追求完美的神話，認真地過生活。但不要因為太認真，而折損了可以飛得更高更遠的翅膀。

幸福是一種對等的相處

被愛是一種幸福，能夠付出愛是一種能力，父母要讓孩子在被愛中能夠去付出愛。在家庭裡講愛，也要講理，更要守規矩，孩子才可以全面地健康成長。

因為相愛，選擇走入婚姻；因為朝夕相處太過平淡，又讓人想逃離婚姻。為什麼人們總是對千辛萬苦得到的東西，在習以為常後會棄如敝屣？

幸福到底是什麼？結婚愈久，是過得愈幸福了？還是覺得幸福變得愈來愈遙遠？

有天早上不到八點，先生開著車載我跟弟弟竑動去基隆演講。十二點多演講結束，又載我們去台北拍短片，奔波了一整個上午。這中間的空檔，幸而先生有找時間午睡休息。

下午三點左右，他又開車載我們回竹北，四點多到家。五天前跟去參加卡巴迪集訓的哥哥祐亨也剛回來，跟我分享完他這些天的經歷後，我換好睡衣躺在床上想睡一下。

也許因為早上喝過咖啡，雖然很累卻睡不著，輾轉反側間，聽到吸塵器的聲響，突然想起剛才先生說：「樓梯上有毛髮，妳有空就吸一下！」那時我累得沒有回應，現在他就親自動手處理了。

那吸塵器發出的低頻聲響，是幸福的聲響，告訴我他是一個好男人。好男人特別排了一天特休，載著我跑來跑去，回到家還打掃環境，應該是回報我這幾天深夜陪他聊工作上的事，替他分析與解悶後，心情突然神清氣爽了。因為我是在深夜睡著後，被下班的他挖醒聊天的。

幸福是一種對等的相處。你對配偶好，配偶自然也會想對你好，反之亦然。同樣地，父母對孩子好，孩子自然也會想要回報父母。

雖說相愛容易相處難，難是難在彼此沒有把心眼打開，多看、多觀察、多想一想對方的需求，多溝通彼此的想法，而不是緊閉心門，要對方自己去做、去猜，去滿足你心中的需求與預期的想像。有多少失落與憤怒，是來自於對方沒有滿足我們預期的想像或是自己的需求不滿呢？

那天行程雖然無縫接軌，但也不是渾然天成。因為一開始先生原本是說：「我出錢讓妳自己坐計程車來回基隆。」

我回他：「我不敢自己一個人坐這麼遠的計程車。」

以前還在懷祐亨時，我因為左膝開刀後需要天天去醫院做復健，都是早上先生送我去醫院後，他去外縣市上班，我復健結束後再自己坐計程車回家，這樣整整三個月。我可以坐計程車，但坐這麼遠的距離我真的有顧慮。

之前先生也陪我去基隆演講過，他知道路途的確遙遠。最後他妥協，安排一天特休。此外，我在同一天還要進台北城拍短片，他雖然是台北人，卻對在台北開車非常排斥，他說：「除非妳幫我找到方便停車的位置，不然我從基隆到台北就先回我家，妳再自己坐捷運去。」

還好，經我詢問後，對方告知了方便停車的地方。當基隆的演講結束，雖然主辦單位一直盛情邀請我們留下來午餐，但先生想直接去台北午餐，因此也讓台北的事情提早完成。

那天先生雖然開了一天的車，但我在工作的時候，他自己找了時間充分休息，所以回到家，雖然他看見地上有毛髮直覺就叫我去處理，但當他發現我累得躺在床上時，他選擇自己動手去做。

夫妻之間不要太計較自己做了多少，而是要在自己有能力的時候，多做一點。如果自己沒有做到，而對方幫忙把事情做好了，要記得謝謝他的體貼與溫柔。

夫妻沒有血緣關係，卻要相處一輩子，最早相互吸引的費洛蒙激情，早就被天天相見不用思念所沖淡，我們拿什麼來餵養飢餓的愛情呢？當然是懂得互相與感謝，謝謝你支持我、理解我、幫助我，在我需要你的時候，總是陪伴在左右；而我在你有所需要的時候，也必當盡我所能，全力相挺，這樣的情義生情意，才會讓家庭裡瀰漫著感恩又惜情的幸福味道。

好父母，從做好夫妻開始

當家庭裡充滿全家一起努力的幸福氛圍，每一個家人都會喜歡回家，不管我們遇上了天大的事，家人都可以一起想辦法解決。只要是相愛的一家人，就可以把彼此的能量變成持續壯大的相乘，而不是互相拉扯的耗損，這樣的努力與共好，可以讓各自的生命都愈活愈精彩與光亮。

孩子都是模仿與學習著父母的一言一行而內化成長的，夫妻相愛與相互扶持的日常，就是孩子成長最好的示範與養料。

結語

教養，是親子圓滿相愛時的修行

如果相遇是一場愛的緣分，那親子的相遇一定是為了圓滿愛的修行。世間任何一種愛，都可以切割與捨棄，只有親子之間的血濃於水無法說斷就斷，即便是走到了脫離親子關係的地步，那脫離的也只是物質世界的責任與義務，卻切割不斷彼此的血脈相連。

親子既然命中注定相遇，為什麼不能選擇好好相愛呢？

從小父母對我的疼愛，讓我相信「天下沒有不是的父母」。但是當我開始為人母，開始看教養文章、寫教養文章，才發現天下有很多不會當父母的父母。當爸媽不是與生俱來的天賦，而是要跟著時代的變革，慢慢做學習與修正。最重要的是，要學會賞識你的孩子，並且做好孩子的榜樣，讓親子在一起的相處，可以帶給彼此溫暖的慰藉與成長，而圓滿生命中最美的愛戀與修行。

不要想著要留多少財產給孩子，不要擔心孩子以後會不會有好工作、好配偶、好的發展與未來，這些牽掛與擔心梗在心中，其實對孩子的未來發展並沒有實質的幫助。孩子不是來搞砸父母的人生，而是為父母加分成更完整的人生。因為在教養孩子的過程中，我們時時刻刻要反思與自省，自己的言行舉止是否合宜，是否給孩子做了良好的學習示範，是否帶領著孩子走在正向而積極的人生路上。

父母也要坦然接受當父母的責任與壓力，自在享受當父母的甜蜜與樂趣，而不要時時緬懷單身時的自在與愜意，因為，沒有人可以回到過去。一如《轉變之書》中所寫的：「很多新手父母表面上是為了照顧寶寶而疲憊不堪，實際上真正讓他們感到挫折的，是那再也回不去單身自在生活的失落感。面對與接受這樣的失落感，是你真正邁向快樂父母的第一步。」

親子的相遇，也在一開始就註定了日後的分離。在這些短短的相處時間中，我們要用愛與陪伴，讓孩子養成獨立自主生活的能力，進而可以好好經營自己的人生，父母也才可以放心與安心地走著自己後續的人生旅程。

沒有誰的人生比較幸福，而是懂得選擇利人與利己的人可以一直幸福。請選擇讓父母的鏡像效應對孩子產生正向的影響，請教會孩子為自己的人生做選擇並負起責任。

祝福大家在愛中圓滿與歡喜。

教養生活069

剛剛好的管教：
放心與放手，讓孩子長出自信和力量

作　者—尚瑞君
主　編—郭香君
責任企劃—張瑋之
封面、內頁設計—葉若蒂
內頁排版—極翔企業有限公司
編輯總監—蘇清霖
董事長—趙政岷
出版者—時報文化出版企業股份有限公司
108019台北市和平西路三段二四〇號一至七樓
發行專線—（〇二）二三〇六—六八四二
讀者服務專線—〇八〇〇—二三一—七〇五
（〇二）二三〇四—七一〇三
讀者服務傳真—（〇二）二三〇四—六八五八
郵撥—一九三四四七二四時報文化出版公司
信箱—一〇八九九臺北華江橋郵局第九九信箱
時報悅讀網—https://www.readingtimes.com.tw
綠活線臉書—https://www.facebook.com/readingtimesgreenlife
法律顧問—理律法律事務所　陳長文律師、李念祖律師
印　刷—勁達印刷有限公司
初版一刷—二〇二一年七月九日
初版十五刷—二〇二四年六月二十五日
定　價—新台幣三二〇元

時報文化出版公司成立於一九七五年，
並於一九九九年股票上櫃公開發行，於二〇〇八年脫離中時集團非屬旺中，
以「尊重智慧與創意的文化事業」為信念。

剛剛好的管教：放心與放手，讓孩子長出自信和力量/尚瑞君著. -- 初版.
-- 臺北市：時報文化出版企業股份有限公司, 2021.07
面；　公分(教養生活；69)

ISBN 978-957-13-9098-7(平裝)

1.親職教育 2.子女教育

528.2　　110008801

ISBN 978-957-13-9098-7
Printed in Taiwan